青少年
体育与健康

马勇志　马立凯　刘国正　李　钊　何奇泽
杨半伴　周　放　张继东　张树峰　姜　来
编著

清华大学出版社
北京

图书在版编目（CIP）数据

青少年体育与健康 / 马勇志等编著. -- 北京 : 清华大学出版社, 2025. 7.
ISBN 978-7-302-68865-5

Ⅰ. G806

中国国家版本馆CIP数据核字第202522H8Y4号

责任编辑：宋丹青
封面设计：傅瑞学
责任校对：宋玉莲
责任印制：丛怀宇

出版发行：清华大学出版社
   网   址：https://www.tup.com.cn，https://www.wqxuetang.com
   地   址：北京清华大学学研大厦A座 邮 编：100084
   社 总 机：010-83470000   邮 购：010-62786544
   投稿与读者服务：010-62776969，c-service@tup.tsinghua.edu.cn
   质量反馈：010-62772015，zhiliang@tup.tsinghua.edu.cn
印 装 者：小森印刷（北京）有限公司
经 销：全国新华书店
开 本：210mm×285mm 印 张：11.25 字 数：258千字
版 次：2025年9月第1版   印 次：2025年9月第1次印刷
定 价：79.00元

产品编号：105215-01

编委会成员

编　著：马勇志　马立凯　刘国正　李　钊　何奇泽　杨半伴

　　　　周　放　张继东　张树峰　姜　来

编　委：李俊霖　杨　柯　王瑛琦　王辛呈　任国辉　邵雨琪

　　　　李桂锋　王国旭　唐　唐　梁悦洁　李瑜婧　吴语桐

　　　　金耘可　郑　梓　康锡民　金　雨

前　言

青少年体魄强健、意志坚定、充满活力是一个民族旺盛生命力的体现。少年强则中国强，青少年体育事业的健康发展，是国家强盛、民族兴旺和实现中华民族伟大复兴中国梦的重要基石。

习近平总书记在 2018 年全国教育大会上指出，要培养德智体美劳全面发展的社会主义建设者和接班人，形成更高水平的教育体系和人才培养体系。而青少年教育又是我国教育体系的重中之重。习近平总书记强调：“要树立健康第一的教育理念，开齐开足体育课，帮助学生在体育锻炼中享受乐趣、增强体质、健全人格、锤炼意志。”青少年的健康发展也是世界各国政府和社会组织共同关注的热点问题，青少年正处于人生“拔节孕穗期”，建设体育强国，当从青少年始。提高青少年的体育运动水平，促进其身体健康发展，既是贯彻落实“健康中国”战略和“体育强国”建设的重要举措，也是积极回应社会各界关注的现实问题，更是事关国家和民族未来发展的长远问题。

对于青少年而言，实现体育功能的途径主要是学校体育。学校体育工作要坚持以习近平新时代中国特色社会主义思想为指导，深入学习贯彻党的二十大精神，全面推进学校体育工作，为新时代加快建成体育强国提供强有力的支撑和保障。国家体育总局印发的《“十四五”体育发展规划》，以加强体教融合作为促进青少年体育健康发展的着力点，为“十四五”时期青少年体育发展指明了方向，对深入推动青少年体育工作高质量发展具有十分重要的意义。

“无体育，不清华。”清华大学有着优良的体育传统，“为祖国健康工作五十年”的口号早已深入人心。清华大学也肩负着推广体育运动、增强学生体质、培养学生全面发展的重要职责。新一代清华人以进取、创新、科学和务实的精神继承清华优良体育传统，紧跟时代步伐，积极研究推动青少年体育事业的全面发展，力求使体育成为学校教育的重要组成部分，能够成为国家和社会体育的重要支持力量。

体育教育绝不是应试教育，不是为了考试而学习，而是将体育运动培养成为伴随孩子一生的良好习惯，由原先的“强迫体育”向“主动锻炼”转移。通过学习本教材，能让青少年快速掌握科学的锻炼方法和基本技术，对增强青少年的体育兴趣、锻炼习惯和运动技能，具有现实的指导意义。同时，本教材也可作为广大中小学体育教师的参考用书，帮助教师与学生更好地将体育教学与课外锻炼有机结合起来。

以北京地区中考体育改革为例，自 2024 年起，北京市初三年级体育与健康考核评价现场考试内容调整为 4 类 22 项，具体包括素质项目 I（2 项）、素质项目 II（8 项）、运动能力 I（5 项）和运动能力 II（7 项），每名考生考 4 项，其中每类考 1 项，总分为 30 分。这次改革给学生提供了更多的选项，让学生都能从中找到自己适合和擅长的项目，更容易感受到运动的快乐。改革的初衷就是使体育考试成为学生健康成长、积极运动的"助推器"。因此，本教材以身体练习为主要手段，根据青少年年龄和身体发育特点，因材施教，制订个性化的训练方案，以达到增强体质、提高运动能力的目的，重点提高青少年的速度、耐力、力量、柔韧、灵敏、协调等基本运动能力，在满足了基本能力全面发展和提高的基础上，结合基本技术，发展专项能力。

本教材还针对学生体育训练中容易出现的损伤设计了运动损伤预防及康复模块，让学生掌握预防运动损伤、发生运动损伤后如何处理的知识，从而安全有效地进行每一次运动。

本教材的撰写与出版得到了清华大学体育部的领导，以及清华大学出版社、北京喜冠体学能文化有限公司的大力支持。并且获得了多位专家老师的批评和指导，在此一并表示衷心的感谢！

由于编著者水平有限，书中如有不妥之处，敬请专家、同仁及广大读者批评指正，提出宝贵意见。

编著者

2024 年 10 月

目　录

第 7 章　乒乓球

第 10 章　运动损伤的预防与康复

第1章　青少年体育训练概述

1.1　青少年为什么要进行体育锻炼

1.1.1　青少年体质与健康现状

随着科学技术和社会生产力的迅速发展，我国的经济也取得了突飞猛进的发展，这种变化促进了人们生活方式的改变。虽然这种变化能在给人们带来更多便利的同时，也导致人们变得更会"偷懒"。吃穿住行通通可以在手机上解决，使得人们参与体力活动的机会和时间逐渐变少。身体活动的不足及饮食的营养过剩会导致人们出现一系列的身体问题。肥胖、高血压等慢性疾病的患病率正不断上升，而最受影响的是我国青少年的身体健康。

青少年强则国家强。青少年代表的是国家的未来、民族的希望，他们所展现出来的蓬勃朝气、顽强意志、乐观态度等精神特征体现着一个国家与民族的生命力。青少年在学校体育中的训练能够有效提高学生的运动能力、身体素质、心智水平和拼搏精神。

《健康中国行动（2019—2030年）》指出：中小学生处于成长发育的关键阶段。加强中小学健康促进，增强青少年体质，是促进中小学生健康成长和全面发展的需要。根据2014年中国学生体质与健康调研结果显示，我国7~18岁城市男生和女生的肥胖检出率分别为11.1%和5.8%，农村男生和女生的肥胖检出率分别为7.7%和4.5%。2018年，全国儿童青少年总体近视率为53.6%。其中，6岁儿童为14.5%，小学生为36.0%，初中生为71.6%，高中生为81.0%。中小学生肥胖、近视等健康问题突出。2021年9月，教育部发布了关于2019年第八次全国学生体质健康调研结果，我国学生体质健康达标优良率呈现整体上升的趋势。其中，中学生上升较为明显，而19~22岁普通高等教育学生的体质优良率上升并不明显。

总体上看，我国学生的身体形态发育水平在持续增长，营养状况得到改善，但是整体的运动能力并没有得到有效提高，耐力、力量、速度等身体素质水平有待提升，最重要的是学生视力不良和近视率偏高，城市里超重和肥胖青少年的比例在明显增长。青少年体质健康问题解决不好，也将对人力资源的强国战略产生威胁。青少年时期的呼吸、心血管疾病以及肥胖问题，也有可能加大出现糖尿病、高血压和高血脂等多种慢性疾病的概率。从自身角度去看，这将大大降低中老年时期的生活质量，将在医院浪费大量的金钱和时间；从社会角度去看，全民健康水平的降低也会导致今后国家医疗和养老经费的支出增加。

因此，青少年拥有良好的体质健康水平，是迈向成功的重要基础。加强学校体育工作，增强学生积极地参加体育锻炼的主观能动性，养成良好的运动习惯，提高青少年学生体质健康水平已刻不容缓，同时也是助力健康中国的重要任务。

1.1.2 影响青少年体质与健康水平的因素分析

1. 社会压力过大

我国人口基数庞大，各行各业都面临着很大压力。当前，高考仍然被视为改变命运和改善生活的首选途径。高校扩招使得每年进入大学的学生数量不断增加，考研、就业、出国深造的竞争越来越激烈。就业压力过大，许多单位过分看重学历和文凭，而忽视求职者的身体素质，导致整个社会对人才和就业的观念出现偏差。因此，青少年从入学的第一天开始就树立了"学好文化课，不愁毕业找工作"的观念，面临着沉重的学习负担，忽视了体育锻炼，以应付日趋严重的就业压力，同时导致了身体素质下降。这种"重视知识忽视体质"的观念已经对青少年的体质健康造成了很大影响。

2. 生活方式改变

随着科学技术的不断发展，人们的生活方式发生了翻天覆地的变化。机械化、电气化和自动化的覆盖面越来越广，使得人们在工作和生活中不再需要花费大量的体力劳动，从而大大减少了体力消耗。然而，这种便利的同时也带来了一些问题，尤其是对人体运动能力的影响。现代人因为过度依赖科技，导致运动能力的退化，包括协调性、灵敏性、力量和平衡等多个方面的素质都在逐渐变弱。而这些身体素质对于适应外界环境

以及保持身体健康都是至关重要的。随着生活水平的提高，青少年的生活方式也在不断变化。他们习惯了乘电梯上楼，以车代步，不参与家务劳动，更多时间用于上网和看电视等静态活动。这是青少年体质下降的主要原因之一。

电视、计算机、iPad、手机，以及各种电子影音娱乐设备，哪一样都比繁重的课余作业更有乐趣。它们正在改变人们的生活方式，有助于人们在工作和生活中便捷、大容量、高效的信息互动，同时也使得人们包括青少年在内，在学习和生活中产生了网络依赖。青少年接触网络的比例迅速提高，这种生活方式对他们的生理健康造成了潜在的威胁，部分青少年沉迷网络，精神萎靡，体质下降，对身心健康造成了严重的影响。

3. 膳食不合理，营养不均衡

青少年正处在快速成长阶段，食物和营养是他们身体发育的基础。为满足身体成长的需求，他们需要不断地从外界摄取营养物质。只有满足身体的需求，才能确保身体代谢的同化过程超过异化过程，从而保证机体正常发育。科学技术的进步极大地提高了现代社会物质生产的效率，从而改善了人们的物质条件。然而，这也导致了青少年的饮食方式和结构发生了变化。由于摄入高脂肪和高糖食物的机会和比例显著增加，以及饮食不平衡和缺乏锻炼等因素，许多常见的成人疾病呈现出低龄化的趋势。与此同时，由于传统的育儿概念和营养科学知识的缺乏，物质条件的改善导致父母往往忽视合理膳食，过度依赖各种所谓的"营养补充剂"。然而，这种做法恰恰对青少年的身体健康产生了不利影响。即使是青少年生长发育所需的维生素和矿物质，如果摄入过量，也会破坏身体平衡，对健康造成损害。《2019年全国学生体质健康标准数据统计分析报

告》显示，全国 6 ~ 17 岁青少年儿童超重肥胖率已经从 2002 年的 6.6% 增长到 2019 年的近 20%。

4. 学校体育面临严峻挑战

学校的升学率被视为教学质量的唯一评价标准，学生在升学考试中的分数高低对学校的命运和未来发展具有重要影响，因此，几乎所有学校都把提高升学率看作是教学的首要任务。尽管全国各地都在大力推行素质教育，但面对应试选拔的现实，素质教育在贯彻和实施上仍旧存在困难。由于文化知识教学的比重增加，体育教学的学时必然被严重削弱，甚至在临近会考或升学考试时，学校会将体育课课时供文化课使用。这种做法和过重的课业负担无疑剥夺了学生进行体育锻炼的时间。

此外，大部分学校体育教学经费常见的问题是教学资源不足，甚至一些民办学校和乡村学校体育教师数量不够，体育教学时数减少，严重影响了正常的体育教学活动，使学生在校期间得不到应有的体育锻炼，导致学生的体质和健康水平整体下降。

5. 社区体育环境整体不协调

社区体育的发展可以促进居民身心健康，加强居民之间的关系。社区体育活动能够打破行业和单位的界限，让社区居民更方便地参与，丰富居民的业余文化生活。社区体育是学校体育的延伸，而学校体育是社区体育的基础。它们之间相辅相成、相互促进，社区体育的完善与优化对学校体育的改革具有良好的带动作用，更有助于培养青少年终身体育的意识。

但是目前我国社区体育的发展还不协调，多数社区体育场地设施缺乏。随着社会经济的快速发展和城市化进程的加快，万人社区在城区老旧房屋改造、棚户区改造以及新农村建设中不断涌现。一方面，这些改造为居住环境带来了明显改善，但高层公寓和新农村城镇化聚集居住的模式，以及缺乏相应的体育配套设施，限制了居民的活动空间和活动方式。我们常常能看到老年人和青少年为争夺有限的场地，甚至有些社区将篮球场改建为停车场，导致体育活动场所严重不足。另一方面，一些社区的体育设施还存在不达标或老化现象，存在安全隐患，有的设备单一陈旧，未能及时更新等。

6. 家庭教育的影响

青少年体质与健康的问题，不仅是学校关注的重点，同时也需要社会和家庭的共同努力。例如青少年常见的肥胖和近视，除了与社会和学校的重视程度有关外，与家庭环境和教育的忽视也存在必然的联系。父母是孩子的第一任老师，青少年参与体育活动与家庭对体育的重视密切相关。随着城市化和现代化的不断推进，家庭结构也发生了变化，呈现出一种新的小型化和集中化的模式，教育理念也随之发生了变化。现在的父母更注重为孩子创造物质条件，而忽视了对孩子意志品质的培养。所谓"温室里的花朵"，不愿吃苦耐劳，缺乏吃苦耐劳精神。许多家长对体育运动也有一些理解偏差，认为体育活动会浪费孩子的学习时间。一些家长为了让孩子赢在起跑线上，报名各种辅导班。这种观念严重影响了孩子身体素质的发展。

1.1.3　学校体育政策的不断优化

针对我国青少年体育锻炼不足和体质健康下降的问题，党中央、国务院始终保持高度重视。近年来，为了促进青少年的健康成长，国家先后出台了一系列的政策文件。从 1978 年"以增强体质为主"到 1999 年"健康第一"，再到 2013

年"强化体育课和课外锻炼，促进青少年身心健康、体魄强健"，体育课一直都具有明确的价值指向。教育部先后印发的 2001 版与 2011 版《体育与健康课程标准》也强调了"健康第一"的指导思想，强调尊重教师和学生对教学内容的选择，注重教学评价的多样性。2021 年，《关于进一步减轻义务教育阶段学生作业负担和校外培训负担的意见》，试图将体育课程原本隐含的多种功能和价值外化，并主动将体育与健康相结合，构建多层次的课程目标体系和内容。课程标准经历了从对体育教学活动的微观指导转变为宏观指导的顶层设计与引导。但由于学校教育制度与实践的不匹配，体育课程改革的理念并没有完全呈现在教学实践中。也正是由于现实条件的限制，推动着课程改革、体质健康及器材设施要求等方面不断完善。2023 年 4 月 7 日，北京市教育考试院根据《北京市教育委员会关于印发义务教育体育与健康考核评价方案的通知》要求，自2024 年起，北京市体育中考现场考试内容由 3 类 8 项调整为 4 类 22 项，每名考生须从每类中选考 1 项，其中不仅包括身体素质的测试，还有专项运动能力的测试。不只如此，在整个阶段还会进行过程性考核。调整后的考试项目涵盖了心肺耐力、力量、柔韧、爆发力、速度、协调性、灵敏性、平衡等多项身体素质以及球类、体操、武术等技能。给学生提供了多种选择，让学生们都能从中找到适合自己的项目，感受体育带来的快乐。此次改革是一种新的尝试，也是为了让"双减"政策落实落细落地，努力办好人民满意的教育，避免出现"应试体育"问题的同时，实现体育运动中的兴趣主导，以促进我们青少年的健康成长，未来成为国家和家庭的栋梁和中坚。

1.1.4 有效促进青少年体质健康的治理路径

作为新时代的青少年，应积极参加体育锻炼，强身健体，争做国家栋梁，为实现中华民族伟大复兴贡献自己的力量。对于青少年体质健康面临的挑战，教师应积极利用"双减"政策提供的机会，落实相关措施，并提出合适的路径有效地促进青少年的体质健康。

1. 加强家庭体育教育，落实体育作业监管

2021 年 10 月 23 日颁布的《中华人民共和国家庭教育促进法》明确了家长作为首任教师的责任意识，承担青少年家庭教育的主体责任。每个家庭都应该组织学习和贯彻实施，学校应该以家长会、家长讲座等各种形式向家长传递。青少年体质的健康发展，不仅需要家长的呵护和放手，更需要家长承担起自己的责任。促进青少年的身体健康，提高他们的体育锻炼意识，养成良好的锻炼习惯，主要取决于父母的体育观念。因此要加强家庭体育教育，把监督体育作业落到实处。首先，要保持青少年的运动习惯。青少年运动习惯的养成与父母的言行密不可分。父母是青少年的第一任教师，一言一行都在潜移默化地影响孩子。父母要在体育中以身作则，保持良好的锻炼习惯，为青少年树立良好的榜样，带动他们主动参与到运动中来。其次，青少年仍处于学习和成长阶段，认知水平和锻炼意识有待提高。建议家长与孩子共同制订家庭体育计划、日常监管小措施、体育锻炼小规范等，为自己设定小目标。在完成学校体育任务、实现体育目标时，应及时鼓励孩子，使他们在自觉参与的同时获得一定的满足感和成就感。家庭成员之间互相鼓励、互相监督、一起完成，无疑能帮助青少年养成良好的锻炼习惯，同时改善亲子关系，烘托家庭氛

围。最后，要确保青少年有足够的时间参加体育活动。家长和孩子在制订学习计划时要正确处理好学习与锻炼的关系，对青少年体育锻炼时间合理安排。体育锻炼的形式也可以与家务劳动相结合，鼓励孩子积极主动打扫家庭卫生，有计划地参与志愿者服务工作，在劳动和服务中锻炼身心，增强体质。除了积极鼓励青少年参加体育活动外，还应根据他们的兴趣爱好，选择适合他们身体特点的体育项目，并经常进行练习。家长也要鼓励青少年积极参加学校的体育社团或校外的各类体育培训。

2. 优化学校体育资源，提高体育教学质量

目前，我国学校体育资源供给不足，师资队伍和体育设施不足。如何扩大体育资源的有效供给，提高体育教学质量，是促进青少年体质健康发展的重要一步。教师是学生前进道路上的引路人，教师的行为对学生产生了潜移默化的影响，所以教师素质要全面、专业性要强、知识结构要多元化。我们要以现代化为导向办好师范体育教育，建立复合型的教育人才培养模式，同时加强体育教师的专业技能培训，达到一专多能。定期举办教师进修培训班，全面提高体育教师的业务素养。通过扎实的教研活动，建立城乡学校结对帮扶学习机制，以优秀示范学校带动农村学校发展，每周开展工作汇报交流，每月开展教学实践活动，为体育教师提供交流学习的平台。

建立体育资源库在线共享，促进共同学习，掌握先进的教学理念和教学方法，提升教师的教学质量。创新师资培训模式，引进体育专业人才。鼓励采用体育与教育两大部门联合培养、定向培养、继续教育与培训等多种形式，培养一批思想政治过硬、业务能力强的高素质教师队伍。此外，教育部门还可以通过各种渠道引进各类体育人才，聘请优秀退役运动员担任或兼任体育教师。鼓励社会体育俱乐部走进校园，丰富学校体育活动内容。各区域学校还可以在现有资源的基础上，充分利用当地的体育资源和特色，打造校本课程，推动当地体育文化的传播。

3. 健全学校体育机制，助力体质健康发展

管理部门应对青少年的体育锻炼予以重视和保障，教育部门应制定课程体系规范，以培养学生体育兴趣，为终身锻炼习惯的养成奠定基础。体育机构则应以国民体育锻炼标准和规范标准为重点，提供更多的体育公共服务。我们还要加强青少年体质健康监管，因为监督是有效促进青少年体质健康发展的重要手段之一。青少年体质健康相关工作可以纳入学校教育质量绩效考核评价内容，有效促进学生的体质健康发展。

学校要注重由教师"教"向学生"学"的转变和由课时数量向教学质量的转变，全面提升教育教学效果。始终坚持把师德师风作为评价教师的第一标准，强化教师育人的职责，全面提高体育教师的业务素养，树立科学的教育质量观。体育锻炼能增强身体素质，但同时也伴随着运动损伤隐患的发生。因此，学校要在安全问题上建章立制，教师要强化安全意识，定期对学生进行运动安全知识和运动损伤知识的培训，学会一些急救技能，加强自我保护。

总之，青少年的体质健康下降和锻炼不足始终是当今社会的重点问题，需要学校、家庭和全社会的共同努力。我们要营造良好的体育环境，改善青少年的体质健康现状，全面提高青少年的身体素质。

1.2 青少年生长发育特点与身体素质发展规律

青少年的身体各个器官和系统都处在不断生长发育的变化过程中，而且每个个体都有自己独特的发展特征和成长轨迹，并可以被内外环境因素所改变。改变的结果是促进还是抑制青少年的生长发育，要看环境因素的加成有多大。如果以结果为导向，即在短时间内取得显著效果，这样的运动训练将在很大程度上违背生长发育规律，对青少年造成近期（现在）、远期（成年后）的诸多不良影响。所有我们都应该了解和掌握这个年龄段的身心结构特点与规律，按照生长发育规律对其进行教育、训练或干预，并通过这些干预，充分调动和激发其身体内部的潜能，让每个青少年都能健康成长。

1.2.1 生长发育概述

生长是指身材大小或身体特定位置部位的增大，发育是指从胎儿期到成年的过程，成熟是指生物体功能发育到完备的过程。

1. 生长发育的分期

生长发育阶段分期对于人的一生来说，不同领域的分期方式和结果是不一样的。在以中小学生为研究对象的儿童少年卫生学中，将从受精卵形成到发育成熟的青少年分为 8 个时期，分别是：胎儿期、新生儿期、婴儿期、幼稚期、幼儿期（学前期）、童年期（学龄期）、青春期和青年期。

2. 年龄的区分

每个个体的生长发育的速度具有差异性，因此以年或月为单位的年龄不能明确地为个体生长发育阶段下结论。从胎儿期到青年期这整个发育的过程，都不以恒定的速度进行，并且在任何一个特定的实际年龄下，身体发育的差异性都明显存在。一个 11 岁女孩可能比一个 11 岁男孩的身高要高，并且运动能力更好。这就表示每个人的生长发育速度、节奏和程度都存在不同。女孩的青春期一般是 8 ~ 13 岁，而男孩的青春期一般是 9 ~ 15 岁，一般来说，女孩通常会比男孩提前两年进入青春期。

因此，实际年龄不适合用作判断。成熟阶段或青少年阶段通过生物学年龄进行评估更好，具体可根据骨龄、体格成熟度或性成熟度来评估。骨龄评估是评估年龄的黄金标准，这种技术需要具备经验或受过培训的放射学家将儿童的 X 线片或射线照片与标准参考射线照片进行比对，对照参考标准以确定左手腕骨的骨化程度。还有一种判断生物学年龄的替代方法是识别第二性征发育特征，如女孩月经初潮，男孩出现阴毛、胡须和声音低沉等都是性成熟的标志。

评估生物学年龄最现实和易应用的方法是体格评估。PHV（身高增长速度高峰）被定义为在青春期生长期间的最大生长速率的发生年龄。通常 PHV 是作为体格评估生物学年龄常用的指标，并且是无创的。

1.2.2 青少年生长发育的一般规律

儿童从出生到长大成人，在整个生长发育过程中所表现出来的普遍现象，称为生长发育规律。儿童在整个生长发育过程中虽然受自然条件、家庭生活、营养条件、疾病和遗传、体育运动等因素所影响而产生年龄和性别上的个体差异。但是身体的生长发育规律还是客观存在的。了解与掌握这些规律，不仅可以评估个体生长发育状况，还可以预测孩子的未来生长方式与潜力，为儿童青少年健康茁壮成长奠定一定的基础知识，为学校体育的开展和体育后备人才的选拔提供指导。

1. 生长发育是由量变到质变的复杂过程

生长发育过程是从受精卵开始，依次经历胎儿、幼儿、儿童、青春期直至成年期，其过程是一个由量变到质变的复杂过程。从儿童到成人，身高和体重在增加，组织器官也在分化，机能逐渐成熟，如儿童的骨骼和软骨硬化都是由不显著的量变到质变的生理过程。

2. 生长发育的连续性、非匀速性和阶段性

从受精卵到长大成人，儿童的生长发育在不断进行。然而，连续的生长发育过程中生长速度不完全相同，呈非匀速性生长，形成不同的生长阶段。例如，出生后的第一年，体重、身高的增长最快，是第一个生长高峰。随后生长速度趋于稳定，青春期生长速度又加快，为第二个生长高峰。

生长发育是有阶段性的，每一个阶段都有各自的特点，但又按照一定的顺序有规律地衔接着。前一个阶段的发育为后一个阶段奠定基础，而后一个阶段又是前一个阶段的延续。任何一个阶段发育受阻，都会对后一个阶段的发育产生不良影响。

3. 生长发育的不平衡性

在整个生长期内，个体的生长发育速度是不均衡的，呈现出时快时慢的波浪式发育特点。从胎儿到成熟期，全身大多数器官经历两次突增高峰：第一次在胎儿期，第二次在青春发育初期，且女孩比男孩早约两年出现。

在青春发育期，身体形态发育的顺序是：先下肢后上肢、先四肢后躯干，呈现出自下向上、自肢体远端向中心躯干发展的生长规律。

4. 各器官系统生长发育不平衡

在人体生长发育过程中，各器官和系统生长发育的速度是不平衡的，但又相互联系和影响，具有统一性。

各器官系统发育有先有后，快慢不一。呼吸系统、循环系统、消化系统、泌尿系统、肌肉及脂肪的发育与体格生长平行，即出生后的 1~2 年快速增长，之后进入稳定增长期，青春期再次出现生长高峰。但是神经系统发育早于其他系统组织，出生后 2 年内发育最快，6~7 岁基本达到成人水平。儿童期淋巴系统生长迅速，青春期前达顶峰，约 2 倍成人大小，以后逐渐降至成人水平。生殖系统在青春期前处于静止状态，青春期迅速发育到达成熟。

5. 个体差异

遗传与环境的影响造成个体的生长发育状况存在个体差异，如同性别、同年龄的儿童群体中，每个儿童的生长水平、生长速度、体型特点等都不完全相同，神经心理发育也并不完全同步，即使是同卵双生儿之间也存在差别。因此，连续观察对于全面了解儿童的生长发育状况非常重要，应避免将"正常值"作为评价的依据，评价时必须考虑个体差异，才能做出正确判断。

1.2.3　青少年生长发育的特点

1. 运动系统

1）骨骼

在青少年时期，骨骼快速生长。相比较来说，这个时期的骨组织中，软骨组织含量比较丰富，骨组织中含有水分和有机物较多，而无机物含量相对较少。所以，这个时期的骨骼弹性大而硬度小，能够发生较大幅度的改变，不易骨折，但易弯曲变形。

在体育训练和日常生活中，一定要让孩子养成正确的身体姿态，现在很多人的弯腰驼背、脊柱侧弯、高低肩、X型腿、O型腿等不良姿态大都是在儿童青少年时期的不良习惯导致的。

2）关节

儿童关节结构与成人相似，但青少年关节软骨更厚，关节囊和韧带更薄、更松弛，弹性较大。因此，儿童和青少年关节活动范围广，柔韧性好，但力量和稳定性差，容易发生脱臼。

除定期进行体育训练外，可进行适当的力量训练，提高关节稳定性。

3）肌肉

肌肉发育顺序：躯干肌肉先于四肢肌肉，屈肌先于伸肌，上肢肌肉先于下肢肌肉，大肌肉先于小肌肉。青少年肌肉生理横断面积较小，肌肉收缩有效成分少。因此，儿童和青少年的肌肉收缩能力较弱，耐力差，容易疲劳，但恢复速度比成年人快。

在体育训练中可进行高频次、小运动量的训练，各组训练目标直接，但合理安排休息。

2. 呼吸系统

青少年肺容积小，弹性纤维和肺泡数量较少。呼吸肌力量较弱，气道狭窄，呼吸时弹性阻力和气道阻力大。呼吸深度小、频率快，肺通气量和肺活量较小。随年龄增大呼吸深度增大，呼吸频率逐渐减少而肺活量逐渐增大。

要加强呼吸肌的训练，提高呼吸深度，用深而慢的呼吸代替浅而快的呼吸。注意培养呼吸与动作的协调性，做什么动作时该吸气，做什么动作时该呼气等。

3. 心血管系统

青少年心脏体积和容积小，心肌收缩力弱，

血压较低，心排出量绝对值小，但每千克体重的心排出量较大，运动时主要靠增加心率来增大心排出量。血液总量比成人少，但是血液占体重百分比高于成人，血红蛋白的含量较低。

要合理安排运动负荷，不宜做过多和过长的无氧练习，多进行长时间中等强度的练习，有利于促进血液循环系统生长发育和机能水平的提高。

4. 神经系统

青少年神经系统发育最早、最快，神经活动过程不稳定，大脑皮质神经细胞工作能力低，易疲劳。但是神经过程的灵活性很高。

注意训练时间不宜过长，应安排短暂的休息时间，采用直观的教学方法，训练内容要生动多样。

1.2.4 青少年生长发育的影响因素

青少年生长发育的影响因素是多方面的，除了先天性遗传因素，还有后天的营养因素、自然环境因素、社会因素等。遗传因素影响着生长发育的可能性，其他因素的发挥则在不同程度上影响着个体潜力的挖掘深度。因此，从事青少年体育训练和教学的人员需要尽可能给青少年创造良好的生长环境，让青少年健康快乐地成长。

1. 遗传因素

遗传是指由父母向子女传递的基因信息，它对青少年的生长发育具有重要的影响。遗传因素决定了个体的身高、体型、智力和潜在的运动能力等。在青少年时期，遗传对生长发育的影响最为明显。

遗传因素对青少年的身高起着决定性的作用。父母的身高是判断子女身高的重要参考因素。一般来说，父母身高较高的子女往往也较高，而父母身高较矮的子女更容易矮小。如果儿童在良好的生活环境下成长至成年，最终身高75% 取决于遗传，25% 取决于营养、锻炼等。这是因为身高主要受到多个基因的影响，而这些基因的组合是从父母那里继承而来的。然而，遗传并不是唯一决定身高的因素，后天的营养、运动和生活环境等因素同样重要。遗传还影响着青少年的肌肉类型、肌肉纤维的分布以及氧气摄取能力等。这些因素将直接影响到青少年的运动表现和体能水平。一些人天生具有较高的肌肉含量和耐力，而另一些人更擅长力量型运动。所以，即使具有较高的遗传优势，也需要通过科学的训练和适当的营养来发挥潜力。

遗传对青少年的生长发育起着重要的作用，但值得注意的是，遗传并不是决定一切的因素。后天的环境因素同样重要，营养、运动、生活习惯和心理健康等因素将与遗传共同影响青少年的生长发育。

2. 营养因素

营养摄入对于生长发育起着至关重要的作用。在生长发育阶段，适当的营养摄入可以促进儿童和青少年的健康成长和功能发育。

蛋白质是生长发育过程中最重要的营养素之一。蛋白质是构成身体组织的基本单位，对于细胞分裂、组织修复和肌肉发育至关重要。儿童和青少年的蛋白质需求量较高，因为他们身体组织正在快速增长和发展。优质蛋白质的摄入可以通过提供必需氨基酸来支持生长发育，并帮助维持免疫功能和骨骼健康。常见的蛋白质来源包括瘦肉、鱼类、家禽、豆类、坚果和乳制品等。碳水化合物是提供能量的主要来源，儿童和青少年的能量需求相对较高，能量支持身体的运动和生长。建议选择复杂碳水化合物，如全谷物、蔬菜

和水果，它们能提供更多的纤维、维生素和矿物质，并有助于维持稳定的血糖水平。另外，脂肪也是必需的营养素之一。脂肪提供能量，并帮助维持身体的正常生理功能。我们需要关注的是摄入健康的脂肪，如植物油、鱼油和坚果，而不是摄入过多的饱和脂肪和反式脂肪酸。有益的脂肪有助于大脑发育、维持心脏健康和促进细胞代谢功能。

此外，维生素和矿物质也对生长发育起着重要的作用，维生素和矿物质是许多身体功能的关键组成部分，包括骨骼健康、免疫功能和神经发育。儿童和青少年需要适量的维生素和矿物质来支持他们的生长发育，建议通过多样化的饮食来摄入丰富的维生素和矿物质。最后，充足的水分摄入也是促进生长发育的重要因素。水分对于身体的正常运作和细胞代谢非常重要。儿童和青少年需要每天保持足够的水分摄入，以满足身体需求。不建议喝碳酸饮料，以及含过多糖分和咖啡因的饮料。

建议儿童和青少年通过多样化的饮食来摄入丰富的营养素，并遵循平衡饮食的原则。此外，定期体检和咨询专业医生或营养师也可以提供个性化的营养建议，以促进儿童和青少年的良好生长发育。

3. 自然环境因素

自然环境因素对于儿童和青少年的生长发育起着重要影响。自然环境包括气候、地形、空气质量、植被等元素，这些元素与儿童和青少年的身体、认知和心理发展密切相关。

气候是自然环境中最重要的因素之一，气候条件直接影响儿童和青少年的身体发育。在寒冷的气候条件下，儿童可能更容易受到感冒、呼吸道感染等疾病的影响；而在炎热的气候条件下，

儿童则可能面临脱水、中暑等健康问题。因此，家长和教育者在不同气候条件下要采取适当的预防措施。

地形对儿童和青少年的身体发育有着重要影响。地形的多样性和复杂性能够刺激儿童的运动能力发展。如在山区地形中，儿童需要更多的平衡、协调和力量来应对起伏的地形，从而促进他们的运动技能和体能水平的发展。此外，海滩、河流和森林等自然地形也为儿童提供了丰富的户外探索和运动的机会，家长和教育者要鼓励儿童多参与户外活动。

空气质量也是自然环境中一个重要的因素。空气质量的好坏直接影响儿童和青少年的呼吸系统健康。在污染较重的地区，儿童容易受到呼吸道感染、过敏和哮喘等健康问题的困扰。空气质量较差时，尽量减少孩子们的户外活动时间，改为室内活动。

植被也对儿童和青少年的生长发育产生着积极的影响。绿色植物具有净化空气、调节温湿度的作用，可以创造一个舒适和健康的环境。研究表明，与城市环境相比，生活在绿色植被丰富地区的儿童更具有心理健康和社交能力。因此，家长和教育者应在儿童生活的环境中增加绿色植物的存在，在家中养些绿植，或是鼓励孩子到户外感受大自然的气息。

气候、地形、空气质量和植被都与儿童和青少年的身体、认知和心理发展密切相关，优化自然环境可以为他们提供良好的生活条件和健康成长的机会。

4. 生活方式

生活方式是青少年生长发育的重要因素。青少年的生活方式包括饮食习惯、睡眠质量、运动锻炼等。良好的生活方式有助于促进青少年生长

发育和提高免疫力。

饮食习惯对青少年的生长发育起着重要作用。青少年的饮食应该营养均衡，需要摄入足够的蛋白质、碳水化合物、脂肪、维生素、矿物质，还需要多吃新鲜水果、蔬菜、全谷物和瘦肉等，应避免过多摄入高脂肪、高糖分和加工食品。

青少年需要充足的睡眠来支持他们的身体和大脑发育。研究表明，青少年的理想睡眠时间应是每天 8～10 小时。然而，许多青少年由于学业压力和其他活动而影响了睡眠。睡眠不足会导致注意力不集中、学习困难、情绪不稳定等问题。因此，青少年应该养成良好的睡眠习惯，包括每天固定的睡眠时间和舒适的睡眠环境。

运动锻炼对青少年的生长发育也起着重要作用。运动锻炼可以增强肌肉和骨骼健康，提高心肺功能，促进身体的协调性和灵活性。青少年应该每天至少进行 1 小时的有氧运动，如快走、跑步、游泳、打球等。此外，还应该进行一些力量、灵敏性、柔韧性等方面的练习，这些活动可以提高他们的身体素质和养成锻炼习惯。

青少年的生活方式对他们的生长发育具有重要影响。饮食习惯、睡眠质量和运动锻炼是三个关键方面。良好的饮食习惯可以提供足够的营养，促进身体发育；充足的睡眠可以支持青少年的身体和大脑发育；适度的运动锻炼可以增强身体素质和养成良好的锻炼习惯。因此，我们要为青少年提供健康的生活环境和支持，帮助他们养成良好的生活方式。

1.2.5　青少年身体素质发展规律

1. 青少年身体素质发展敏感期

身体素质包括力量、速度、耐力、灵敏性、柔韧性等，每一项都会直接影响到运动表现。力

量是保证完成技术动作的基础；缺乏速度会让孩子跑不快；耐力是判断动作持久性的指标；反应速度和灵敏性是在收到外界信号时做出相应动作的直观表现；柔韧性是指关节的可活动范围和肌肉组织的可牵拉程度。

在孩子成长过程中，每一项身体素质都将影响孩子的运动表现，过早或过晚练习不仅会减缓孩子的运动发展，甚至在不恰当时期的错误练习还会导致身体损伤，轻则影响以后的运动表现，重则可能会影响孩子的一生。

根据青少年身体发育时间的前后顺序，在每个年龄阶段身体所对应的素质反应程度也不同，而在正确的时间有目的地对其进行练习会达到事半功倍的效果。而运动敏感期不存在一个准确的时间或阶段，只是在某一个阶段中相对应的运动素质较为敏感。运动生理学提到，儿童和青少年生长发育主要体现在发育的"波浪性"和"阶段性"，发展顺序为：由远端到近端，由四肢到躯干，由上肢到下肢。因此从运动表现方面来看，可以直观地看到儿童先从抓握动作慢慢过渡到手臂动作，再过渡到躯干的扭转屈伸等，心肺功能直到 12 岁才足以适应长时间的运动需求，因此针对耐力和心肺功能的练习要在相对较晚的阶段进行。

儿童青少年的柔韧性敏感期开始较早，因为青少年肌肉系统和关节系统没有发育成熟，所以青少年的身体活动范围或者是关节活动度大于成年人。一是因为肌肉系统的单薄，肌肉的延展性更强，可以被动拉伸获得更大的关节活动度；二是因为骨关节的发育没有完全闭合，所以关节主动活动度比较大。在 4 ~ 11 岁期间，应该注重身体的柔韧性训练，此时的身体处于灵活时期，关节发育也处在可塑性较高的阶段，但在训练时应该注意训练的强度和时间，过大的强度会对骨骼和关节造成损伤。具有较好的身体柔韧性不仅可以塑造美观的身体形态，同时也是科学运动训练的体现，也为终身体育打下坚实的基础。青少年柔韧性训练主要以 PNF 伸展、被动拉伸、动态拉伸等方式来进行。

协调性敏感时期主要体现在 9 ~ 13 岁，此时的中枢神经已经发育完全，在平衡身体各方面的感官和对身体控制方面已经达到基本条件。在日常训练中，协调性主要体现在动作（动作的连贯性、美观性以及同时性）和手、眼、脚的协调配合。在羽毛球一次完整的击球动作中，从观察来球方向到将球击出，就包含眼与脚的协调（判断来球方向，移动至相对应的地点）、眼与手的协调（观察球的位置，控制手臂精准击球）以及动作协调（引拍、挥拍、击球、随挥等一系列动作）。除上述生理方面的协调性外，还包括对身体节奏的掌握和动作时机，都是协调性的直观表现。

速度敏感期相对于其他身体素质更容易影响到日常运动表现，从奔跑的快慢到跳跃的高度都可以直观地判断出速度素质。其中的速度不单单指身体的运动速度，还包括动作速度，如投掷的远近或是奔跑的速度都是受速度影响。发展速度的黄金时期在 15 岁左右，但早在 6 岁时身体就会接触到关于速度训练的内容。由于此时骨骼和肌肉尚未发育完全，较软的骨骼不足以支撑过大的动作速度，因此在小龄阶段速度训练不作为重点发展方向。其中，影响速度和动作速度的因素包括肌肉力量、肌肉的收缩速度还有神经传导速度。15 岁左右，无论是神经发育还是肌肉发育都已达到最佳时期，此时的发展速度和素质可以达到非常好的效果。

人体约由 639 块肌肉组成，这些肌肉完成我们日常所需的基本动作和运动表现，主要作用就是提供关节运动的动力从而完成所需的动作。肌肉力量不仅会影响到肌肉的收缩能力，对防止运动损伤也起到了重要作用。一次简单的手臂弯曲动作不仅需要肱二头肌提供弯曲的动力，与之对应的肱三头肌在动作末端提供相反的制动力，从而避免动作过度，发生损伤。男生和女生的力量发展敏感期有些许的偏差，男生力量敏感期通常在 11～14 岁，女生的力量敏感期在 11～13 岁，这是由不同性别的身体生理发育速度造成的。要进行系统的力量训练男生需在 15 岁后进行，女生则需在 14 岁后才能进行，而在 17 岁后肌肉的体积增长较快，也是提高力量最有效的时期。

耐力和力量一样，都是运动训练中不可或缺的一部分。从热身慢跑到单一动作重复，都需要一定的耐力。耐力大致分为两类：一为肌肉耐力，就是肌肉的抗疲劳能力；二为心肺耐力，也是为肌肉提供氧气的途径。儿童时期的运动表现为易疲劳，恢复速度快，比如儿童在疯狂玩乐一天后只需要睡觉休息一晚，第二天就可以活蹦乱跳，因为儿童的 I 型肌纤维（慢缩肌纤维）比例高、线粒体容量密度高、PH 恢复速度快、琥珀酸脱氢酶活性高、磷酸肌酸恢复速度快，抗疲劳能力强，所以恢复的速度比较快。相对于其他素质而言，耐力的培养相对较晚，男生在 15～16 岁，女生在 13～15 岁，在早期应避免长时间高强度的练习，因为此时儿童青少年的心肺发育不够完全，运输氧气的能力较低，高强度的耐力训练会增加心脏负担，造成损伤。

在青少年各项素质敏感期训练中，应该遵循循序渐进的原则，科学合理地安排计划，提高儿童青少年锻炼的积极性，养成良好的习惯，从而提高身体素质均衡发展。

2. 青少年体能发展模型

1）青少年体能发展模型概述

运动员能力长期发展理论（Long-Term Athlete Development，LTAD）是一项以青少年运动员长期发展为目的和框架的概念研究，由国际知名体育教育家 Istvan Balyi 博士提出建立并逐步完善。LTAD 的整个实践思路是以个体为中心参与体育运动，结合体育系统与教育系统，围绕个体从出生至死亡的整个历程，对所有年龄的人（特别是青少年、儿童）参与体育运动进行了 7 个阶段的划分，即积极开始（Active Start）、建立基础（Fundamentals）、学会训练（Learn to Train）、为训练而训练（Train to Train）、为比赛而训练（Train to Compete）、为胜利而训练（Train to Win）和终身积极（Active for Life）阶段，旨在通过科学合理的训练计划和方法，实现青少年运动员的全面发展和长期成功。

2）LTAD 模型在青少年中的实际应用

LTAD 理论最初的目标是提高运动员的训练质量，从而提升他们的竞技能力。其终极目标是通过建立"个体—组织—系统"全面参与的模式，促进体育运动参与者实现三大目标：发展身体素养、追求卓越运动表现和鼓励积极生活。该理论旨在构建运动员长期发展模型，尤其是针对儿童和青少年的训练体系进行科学构建。根据儿童和青少年的身心发展阶段，该理论提供科学的训练指导模型，并最终实现体育融入生活。LTAD 理论模型的前三个阶段适用于所有适龄儿童，是竞技体育的基础阶段，也是体能训练的启蒙阶段，它的归属范畴是大众体育和学校体育，前三阶段整体形成了体育素养的基础。因此，我们可以利用前三阶段对每一个儿童和青少年去使用，让他们从小建立起一个良好的运动习惯，养成终身体育意识。

3）LTAD 模型前三个阶段划分

（1）积极开始（Active Start）。孩子从出生到 6 岁，是通过玩耍和游戏掌握基本运动技能的阶段。孩子们的各种身体活动（包括游戏与运动等，有组织的，或是自发的自由玩耍）都应该是快乐的。婴幼儿应尽早地开始积极活动。

这个阶段应做到：

——让孩子处于"积极的"状态。除了睡觉，这个年龄段的孩子静坐的时间不会超过 60 分钟。

——带孩子参加一些体育活动，孩子和父母一起去公园，让孩子玩秋千、滑梯和攀爬架。

——在保证周围环境安全的前提下，让孩子自己探索周围的环境，让孩子跑、跳、爬、摇摆，这对孩子自身的发展很重要。

阶段目标：

——增强孩子大脑功能、身体协调能力、个人社交能力，基本运动技能，以及情绪和想象力的发展。

——帮助孩子建立自信，发展身体姿势和平衡感，建立强壮的骨骼和肌肉，避免孩子身体肥胖或过于瘦小。

——游戏和运动还能够释放孩子的精力，提升孩子的睡眠质量，促进孩子的身心发育生长。

（2）建立基础（Fundamentals）。6～8 岁，孩子们应参加经过较好设计和组织的活动，这些活动应发展孩子的基本运动技能和整体运动能力，包括敏捷性、平衡性和协调性。但是，活动的计划和组织实施必须以"好玩"为重点，正式比赛应尽量减少。

这个阶段应做到：

——让孩子的身体每天都处于"积极活跃"状态。记住这个阶段，连续几次短时间的运动可能会比一次长时间的训练更有效。

——不要让孩子过早专注于一项运动，应鼓励孩子参与多种运动，对灵活性、平衡性、协调性和速度都有帮助。

——确保孩子选择的运动项目主要专注于跑、跳、投、抓和踢，如篮球、足球、橄榄球、体操和游泳等。

——让孩子接受专业训练，帮孩子塑造基础性的运动技术。在学校最好每天都有体育课，在学运动技术的时候，正确的教学会让孩子受益匪浅。

阶段目标：

发展孩子的基本运动技能和整体运动能力，包括敏捷性、平衡性和协调性。

（3）学会训练（Learn to Train）。孩子在进入青春期发育之前的阶段，已经准备好去发展基础运动技能，他们应获得更多的体育活动机会，提升更广泛意义上的运动技能（而非专项技能）与综合运动能力。在这个年龄段，一些教练、家长或体育教师，可能会通过多种单项运动训练和比赛（或是在团队运动中过早固定孩子的位置）来过度发展"天赋"。但如果孩子是在一项晚期专项化运动中追求长远发展，那么早期专项化的训练方法，可能会对孩子后期的发展产生负面影响。早期专项化训练虽然提早促进了孩子在身体、技术和战术方面的发展，但会极大增加了当下与未来伤病、倦怠及厌弃的可能性。

这个阶段应做到：

——鼓励孩子参与至少 3 种喜欢的运动，同样鼓励他们参与比较随意的运动游戏。

——确保孩子做正确的力量训练，包括利用

自身重量的训练（如仰卧起坐、俯卧撑等）、使用健身实心球和抗力球及跳跃训练等。

——培养孩子忍耐力，如玩一些需要持续运动的游戏或接力性的运动。

——本阶段速度训练尤为有效。孩子可以通过注重快速移动、手脚快速动作的运动来训练速度。方向上的快速变换也同样有效，如闪避型的游戏。

——确保孩子参与合适次数的比赛，比例搭配建议是：70% 的运动训练 +30% 的比赛。

阶段目标：

发展基础运动技能，提升综合运动能力，注重力量、速度等素质的提高，增加参与运动的时间。

1.3 体育锻炼对青少年的影响

1.3.1 体育锻炼对青少年的好处

1. 促进生长发育

体育锻炼可以促进青少年的生长发育。经常进行体育锻炼不仅有助于青少年骨骼正常生长和发育，防止骨质疏松等问题的发生，还有助于改善身体形态，使青少年的身体线条更加健康和优美。青少年正处于生长发育阶段，运动时可以激活全身的机能系统，促进物质的分解代谢，有助于身体的生长发育。身体的柔韧性和灵活性对于健康的身体形态和良好的姿势非常重要。通过伸展、拉伸和灵活性等训练，可以预防和改善青少年常见的不良姿势问题，如驼背、圆肩、脊柱侧弯等。

2. 提高身体素质

青少年正处于身体和心理发展的关键时期，通过体育锻炼，能够提高他们的力量、速度、耐力、柔韧等身体素质，以及跑、跳、投等基本活动能力，身体素质和基本活动能力也是学习运动技能的基础。科学系统地进行体育锻炼，可以提高身体素质，还可以增强抗病能力，保持身体健康。

3. 提高身体机能水平

体育锻炼可以提高青少年基础代谢能力，使身体各器官、系统的功能得到一定的改善。在体育锻炼中，随着身体逐渐进入运动状态，体温会适度升高，中枢神经的兴奋性也会同时上升，从而增强酶的活性，促进代谢，使得各个器官保持正常运行。体育锻炼还可以提高心血管系统、呼吸系统、运动系统等系统的功能，尤其增强心肺功能，经常锻炼可以使心脏肌肉更有力，血管弹性良好，给全身供血能力更强，从而使身体获得更加充足的氧气和养分。

4. 提高身体抵抗力

体育锻炼能有效提高身体的免疫力与抵抗力，免疫力是人体抵御疾病的重要因素。青少年处于身体发育尚未成熟阶段，容易受到各种疾病的侵袭，而体育锻炼是增强免疫力和抵抗力的最好手段。体育锻炼不仅可以促进代谢产物的排出，避免因肥胖而产生的各种疾病问题，还可以促进淋巴液的流动，增强淋巴系统的功能。淋巴系统也是人体重要的免疫系统，能够清除体内的废物和病原体，维持机体的免疫平衡。

5. 促进智力发展

体育锻炼可以有效促进青少年的智力发展。经常进行锻炼可以使大脑的额叶、枕叶等得到良好的刺激，使大脑在结构和功能上不断得到完善，有利于复杂逻辑思维能力的形成，在功能上也促进记忆力和注意力的提升。有氧运动可以增加大脑中的血流量，提高神经元之间的信息传递速度，从而增强青少年的注意力和集中力。体育锻炼还可以提高青少年的创造力和问题解决能力。例如，参与集体项目比赛时，青少年需要在比赛中快速做出决策、调整策略，并与队友合作解决问题。

6. 促进心理健康

体育锻炼对心理健康也具有良好的促进作用。青少年时期的孩子们正处于学业繁重阶段，运动是调节学习状态和精神状态的有效手段。适度的运动健身可以促使大脑分泌内啡肽、血清素和多巴胺等，使大脑产生积极、愉悦的情感，调节青少年在紧张学习中的精神状态，使学习压力得到释放，同时提高了学习效率。

7. 培养审美素养

体育锻炼能够培养青少年的审美情趣、审美能力，还能提升他们的审美素养和美好情操。在体育锻炼中，青少年需要通过不同的动作和姿势来完成各种训练动作。这些动作和姿势都具有一定的美感，如优美的形体线条、协调的动作流程等，通过反复练习，青少年能够逐渐感知和理解这种美感，培养对美的追求和热爱。青少年对于运动美学的体验，多来自他们自身的运动实践，以及从观摩技术和欣赏比赛中感受到运动美的内涵与魅力。

1.3.2　体育锻炼对青少年的教育意义

1. 培养意志品质

体育锻炼对青少年的意志品质具有积极的影响，可以培养他们勇敢、坚毅、不怕困难的意志品质。在锻炼过程中，一些技术难点需要他们不断尝试、改善和纠正，需要付出时间、汗水和努力，才能取得进步，这个过程培养了他们敢于面对困难和勇于克服困难的品质。体育锻炼经常会有挫折和失败的情况。例如，在练习中未能达标，或在比赛中输给对手，这些挫折和失败经历会激发他们去进一步努力，并从失败中汲取经验，使其变得更加坚韧。这种抗挫折能力，也会使他们更加自信地面对人生的挑战。

2. 团结协作，团队意识

体育能够促进青少年的团队合作精神和团队意识，具有其他教育形式无法取代的作用。青少年在锻炼中经常会与伙伴一起参与、协力完成各种活动和项目，共同面对困难和挑战，由此培养了他们互相帮助的品质，培养起他们的团队精神和意识。尤其是集体项目，需要所有球员之间的合作、沟通和相互支持、相互信赖。每个球员都必须按照不同的角色和责任发挥自己的作用，并形成默契，最终取得胜利。这种团结协作和团结意识会为青少年塑造形成健康的人格特质和行为准则。

3. 勇于拼搏，超越自我

青少年在参与各种运动项目锻炼中，需要面对各种挑战和压力，在艰苦的训练和比赛竞争中青少年要不断克服困难和失败，意志品质和竞争意识会得到很好的磨炼。在竞争中不断超越自我，以"胜不骄，败不馁"的信念激发进取心，培养不怕困难、勇于拼搏的精神。勇于拼搏、超越自我的体育精神不仅对青少年的体育生涯有益，对他们的一生都会产生积极影响，这种品质能迁移到日常的学习、工作和生活中。

4. 遵守规则，公平竞争

体育可以培养青少年遵守规则、公平竞争的意识。在体育教学中，通过对学生进行课堂常规、组织纪律、思想作风、文明礼貌等教育，让学生自觉遵守纪律，严格要求自己，养成良好的行为习惯。在日常的练习和比赛中，还能够培养青少年遵守比赛规则、尊重裁判、尊重队友、尊重对手的优秀品质。同时，体育可以让青少年充分认识到公平竞争的重要性，树立正确的竞争意识。公平竞争是一种重要的体育精神，也是一切运动竞赛的基本准则，公平竞争不仅是青少年应该注意培养的体育精神，也是将来他们走向社会所应具有的一种素质。

5. 提升社交能力

体育能够对青少年的社会交往能力产生积极影响。体育活动为青少年提供了一个良好的社交平台，他们通过参加各种运动或比赛结识新朋友，与同龄人一起参与运动、培养友谊、分享快乐。他们可以与伙伴们共同经历挑战，这些共同的经历会加强个体与个体之间的联系，促进交流、共享经验。体育促进了青少年的社交技能，教会他们如何处理人际关系，这种社交互动有助于培养青少年的情感发展和社会适应能力。

6. 民族自豪感、爱国主义教育

体育具有增强民族自豪感的作用，体育精神是爱国主义的重要组成部分。体育承载着国家强盛、民族振兴的梦想。体育强则中国强，体育兴则国运兴，体育已深深融入中华民族伟大复兴的进程。一代代中华体育健儿生动诠释着中华体育精神，激发着全国人民的爱国热情与全世界中华儿女的民族自豪感。

立德树人是教育的根本任务，是学校教育的立身之本，而学校体育是青少年爱国主义教育的重要阵地，青少年又是爱国主义教育的重中之重。运动员顽强拼搏的意志，为国家赢得荣誉的壮举，冉冉升起的五星红旗，都能激发青少年的

爱国热情和民族自豪感。青少年在日常的锻炼中，会面对很多困难和挑战，通过坚持不懈的努力和不断自我超越，能逐渐培养出勇敢、坚强、积极向上的人格特质，这也是爱国主义精神的具体体现。

1.3.3 青少年体育锻炼的原则

1. 循序渐进原则

青少年的身体发育和生理特点与成年人有所不同，因此训练计划应根据他们的年龄和生理特点进行设计。在制订体育训练模型时，我们需要充分了解儿童和青少年在不同阶段的身体情况，以确保训练模型更加科学合理，使体育锻炼工作有计划、有步骤地进行。只有体育训练模型与儿童青少年的身体发展规律相符，才能确保其科学性。因此，我们应采取由浅入深、循序渐进的方式，逐步增加运动强度。

2. 多样性原则

在青少年进行体育训练时，应该遵循多样性原则。训练计划应该包含多种不同类型的运动和训练方法，以确保全面提高身体素质和综合运动能力发展，首要目标应是提升青少年的基本身体素质。多样性原则还可以在训练过程中使用不同的训练方法和器械，包括自由训练、循环训练、间歇训练、交叉训练等。通过不同的训练方法和器械的结合，可以激发青少年的兴趣和动力，增加训练的趣味性和挑战性，从而提高训练效果。

3. 适宜负荷原则

在青少年进行体育训练时，适宜负荷原则是非常重要的。适宜负荷原则指的是根据青少年的生理和心理特点，合理确定训练负荷，以达到最佳的训练效果和保护身体健康的目的。

适宜负荷原则应根据青少年的年龄、生长发

育状况和运动水平等因素来确定训练负荷。青少年的身体正处于发育期，骨骼、肌肉和关节都比较脆弱，因此训练负荷应该适度，不能过重、过大。同时，青少年的运动水平和体能素质也存在差异，需要根据个体情况进行个性化调整。此外，由于人体的适应性，训练负荷不能只保持在一个水平，而应根据自身能力的提升随之增加。所以，安排训练计划时，要经常检查自我的训练水平和进展情况，逐步增加训练强度、持续时间和频率，以达到全面发展。

4. 恢复与休息原则

恢复与休息是体育训练过程中非常重要的环节，可以帮助青少年恢复体力、预防过度训练和减少运动损伤。

1）充足的睡眠

青少年正处于生长发育的阶段，睡眠是身体恢复和发展的重要过程。他们应该保持每天 8～10 小时的充足睡眠，这个时间范围可以确保他们的身体得到充分的休息和恢复。应该创造一个安静、舒适的睡眠环境，睡前避免使用电子设备和刺激性饮品，以影响睡眠质量。建立一个规律的睡眠时间表对于青少年非常重要。他们应该尽量在相同的时间上床睡觉和起床，以帮助身体建立一个良好的睡眠节律。在睡前应该避免进行过于激烈的体力活动或紧张的学习，以免影响入睡。适应进行一些放松的活动，如阅读、听音乐或冥想，可以帮助放松身心。如果在白天感到疲劳，可以考虑短暂的小睡，小睡的时间应该控制在 20～30 分钟，以免影响晚上的睡眠质量。

2）适当的休息日

在训练计划中合理安排休息日非常重要。青少年的身体需要时间来恢复和适应训练的刺激。一般来说，大强度训练会使肌肉组织受到一定的

破坏，每周应安排 1～2 天的完全休息，休息日可以给身体足够的时间来修复和重建肌肉组织，以便身体得到充分的恢复，这些休息日应合理安排在训练周期中。同时，休息日的安排也应考虑到个体差异和训练强度，根据个人的情况进行调整。所以，休息日的重要性不可忽视。

3）轻松活动和被动恢复

（1）轻松活动是指进行的低强度、低冲击的运动，以促进身体的恢复和放松。以下是一些适合青少年进行的轻松活动。

伸展运动：进行一些全身性的伸展运动，如静态伸展、动态伸展或瑜伽，可以帮助放松紧张的肌肉，增加关节的灵活性。

散步或慢跑：进行轻松的散步或慢跑可以促进血液循环，帮助肌肉恢复，同时也提供了心理放松的机会。

游泳：游泳是一项低冲击的全身性运动，可以帮助放松肌肉，促进血液循环，同时还能提高心肺功能。

（2）被动恢复是指通过一些非运动性的手段来促进身体的恢复和放松。以下是一些适合青少年进行的被动恢复方法。

按摩：按摩可以促进血液循环，缓解肌肉紧张和疼痛，有助于恢复和放松。

热敷或冷敷：使用热敷或冷敷可以帮助减轻肌肉疼痛和炎症，促进血液循环，加速恢复过程。

艾灸或拔罐：艾灸和拔罐是一些传统的中医疗法，可以通过热量和负压的刺激来促进血液循环和肌肉放松，有助于恢复和舒缓疼痛。

需要注意的是，轻松活动和被动恢复的选择应根据个体的情况和训练目标来确定。在进行轻松活动或被动恢复之前，青少年应该咨询专业人

士的建议，确保选择合适的方法和正确的操作。轻松活动和被动恢复是促进身体恢复和放松的重要手段。通过适当的轻松活动和被动恢复，可以帮助青少年缓解肌肉紧张和疼痛，促进血液循环，加速恢复过程，提高体能水平。

5. 持续发展原则

持续发展原则是指通过持续和有计划的训练实现训练目标。这个原则的根基是一句谚语"用进废退"，意味着为了达到预期效果，学生必须定期参与体育锻炼。如果不坚持积极运动，所有通过训练达到的身体适应能力水平都会逐渐减退。这个原则能够帮助学生时刻记住终身体育活动的重要性，因为在儿童或青少年时期所获得的身体适应能力水平和健康成果都是暂时性的。如果成年后不积极参与体育活动，所有成果都会逐渐消失。

6. 专门性原则

专门性原则是指在体育活动中可以针对特定的身体部位或系统进行针对性训练，以达到预期的效果。训练计划的设计应该根据训练的预期目标进行，无论是提高技术、增强力量、提高柔韧性还是增强耐力等，专门性原则都是一个重要的指导原则，会帮助我们在体育训练中取得更好的效果。

第 2 章　青少年基础体能训练

2.1　素质项目基本技术

2.1.1　引体向上（男）

引体向上是指依靠自身力量克服自身体重向上做功的垂吊练习。主要测试上肢肌肉力量的发展水平，以及臂力和腰腹力量。

双手正握杠，握距略比肩宽，两臂同时用力，屈臂向上引体，拉起时前臂与上臂小于90°，前臂垂直地面，上拉到下颏超过横杠上沿，腹部收紧，髋关节微屈，背部向上发力，挺胸抬头；两次动作之间，两臂要伸直（图 2-1、图 2-2）。

图　2-2

引体向上（男）

1. 技术要点

（1）保持身体平衡和稳定。

（2）收紧腹部，避免摇晃。

（3）感受背部肌肉的发力，同时保持肩关节的稳定性。

（4）控制下降的速度，始终保持肌肉的张力，避免肩关节受伤。

2. 易犯错误

（1）身体前后晃动，导致力量分散。

图　2-1

（2）背部肌肉发力感较差，手臂用力过多。

（3）下降速度过快，使肩关节受伤风险加大。

（4）半程引体，当能量衰竭时，动作会变形，自主缩小动作幅度。

（5）握距过宽或过窄。

3. 纠正方法

（1）严格按照技术要点进行练习。

（2）引体向上过程中始终保持肌肉的张力。

（3）尝试在单杠上进行悬垂，体会腹部维持身体的稳定。

2.1.2 双杠臂屈伸（男）

双杠臂屈伸是指在双杠上面依靠自身力量撑起自身的体重。主要测试胸大肌、肱三头肌和肩前束的肌肉力量水平。

双手全握双杠把手，手腕中立，用靠近掌根处支撑身体直立；上杠后不要耸肩，主动下沉，收缩肩胛骨；随后屈臂使身体下降，吸气，使肩低于肘，上臂与前臂的夹角小于90°；呼气推起，手臂伸直（图2-3、图2-4）。

图　2-4

双杠臂屈伸（男）

1. 技术要点

（1）肩胛骨回缩并且下沉。

（2）手腕保持中立位。

（3）动作过程中注意呼吸，下降吸气，上升吐气。

（4）身体直立微前倾，保持身体稳定。

2. 易犯错误

（1）耸肩，肩关节不稳定。

（2）身体上升时，肘关节过伸。

（3）错误的呼吸节奏，动作流畅度不够。

（4）身体动作幅度过大或过小。

3. 纠正方法

（1）在双杠上保持肘关节微屈，体会肩胛骨回缩并下沉的动作。

（2）保持正确的呼吸节奏，练习过程中可以尝试加深呼吸深度。

（3）动作下降过多，会导致肩关节压力过大。上臂下降到与地面平行即可。

图　2-3

2.1.3　斜身引体（女）

斜身引体是指在低单杠上依靠自身力量克服自身体重向上做功的垂吊练习。主要测试上肢肌肉力量的发展水平，以及臂力和腰腹力量。斜身引体是引体向上降低难度的练习方式之一。

面向单杠，两手正握单杠，握距与肩同宽或略宽，两脚前伸，超过单杠，两臂伸直，使身体斜向下垂，身体与手臂成 90° 角；臂部发力，做屈臂引体，直至下颌超过单杠，然后伸臂复原（图 2-5、图 2-6）。

图　2-5

图　2-6

斜身引体（女）

1. 技术要点

（1）动作过程中身体挺直，收紧腰腹，不要左右摇摆。

（2）保持匀速进行。

（3）背部肌肉发力，同时保持肩关节的稳定性。

（4）沉肩，抬头挺胸，眼睛看向前上方 45° 方向。

2. 易犯错误

（1）身体不能保持直立，塌腰或挺髋。

（2）背部发力感较差，依靠手臂向上拉起。

（3）动作过程中速度过快。

（4）耸肩，低头，含胸。

3. 纠正方法

（1）练习过程中有意识地收紧腰腹肌肉，使躯干与腿在同一平面，平时可加强腰腹核心力量练习。

（2）上臂略微内收，练习时要保持大臂与身体的夹角不要过大。

（3）将身体倾斜角度变小，建立正确的动作模式和发力顺序，随后逐渐增大倾斜角度。

2.1.4　仰卧起坐（女）

仰卧起坐是训练腹部肌肉的有效运动方式，动作简单，不受场地环境影响，是非常适合大众的简易运动方式，特别是对消除腹部赘肉与避免下背痛非常有效。

平躺仰卧于垫上，双肩胛骨着垫，两腿屈

膝，腹部与大腿呈 90°，两手交叉贴于脑后，臀部不能离垫面，可有同伴压住脚面。收腹屈背，双臂屈肘前摆内收，低头、含胸。动作协调一致，双肘触及两膝（图 2-7、图 2-8）。

图　2-7

图　2-8

仰卧起坐（女）

1. 技术要点

（1）动作过程中体会腹部收缩。

（2）保证正确的呼吸方式，起身时吐气，平躺时吸气。

2. 易犯错误

（1）动作过快，导致腹部肌肉拉伤风险增大，并且无法达到提升腹肌力量的最佳效果。

（2）过于关注仰卧起坐的个数，而忽略坐起的方向，长时间的方向偏离，导致两侧的腹部肌肉发力不均衡。

（3）双手放于头后，坐起时用力将颈部屈曲，加大了颈椎压力。

3. 纠正方法

（1）动作匀速进行，掌握好节奏。

（2）控制腹部发力，保证动作质量。

（3）练习过程中呼吸节奏与动作保持一致。

（4）练习时可以将手置于肩膀两侧或胸前交叉，避免头部前倾过大。

2.1.5　实心球

实心球是用于测试学生的上肢爆发力，评价学生上肢力量素质及上下肢协调用力的能力。

两手十指自然分开，成"八"字握球；两脚前后（或左右）站立，预摆一至二次，当最后一次预摆时，球依次从腹部经过胸前至头后上方，此时上体后仰，身体形成反弓形，最后用力将球向前上方抛出。动作特点是蹬腿、送髋、腰腹收缩用力，两臂用力前摆并向前拨指，旨在提高手臂的鞭打速度。球出手后，后脚顺势向前并拢，维持身体平衡。但要注意，不要踩线犯规（图 2-9、图 2-10）。

图 2-9

图 2-10

实心球

1. 技术要点

（1）发力时重心由后向前转移，并向前上方45°抛球。

（2）发力顺序为蹬地、伸髋、收腹、引臂、抛球。

（3）开肘并让球远离身体。

（4）预摆时由身体前方到胸前再到头后上方。

2. 易犯错误

（1）出手角度过高或过低。

（2）上下肢力量传导不够，只依靠上肢力量将球抛出。

（3）出手犹豫，速度较慢。

3. 纠正方法

（1）将动作分解练习，体会动作自下而上的发力顺序。

（2）设定一定高度的障碍物，要求投过障碍物，改善抛实心球的出手角度。

（3）加强上肢力量、核心力量与爆发力练习。

2.1.6 跳绳

跳绳是一项极佳的健身运动，有助于保持个人体态和协调性，从而达到强身健体的目的。跳绳主要用于测试学生上下肢协调能力、灵敏性、下肢力量的水平。

两脚平行站立或并拢，起跳时脚尖发力，起跳高度不宜过高，跳绳过程中前脚掌起跳和落地；小臂自然下垂于身体两侧，双手握住手柄，手腕小范围摇绳即可。跳绳时躯干始终保持正直，微微低头；在跳绳过程中呼吸要均匀，保证跳绳过程中节奏的稳定性（图 2-11）。

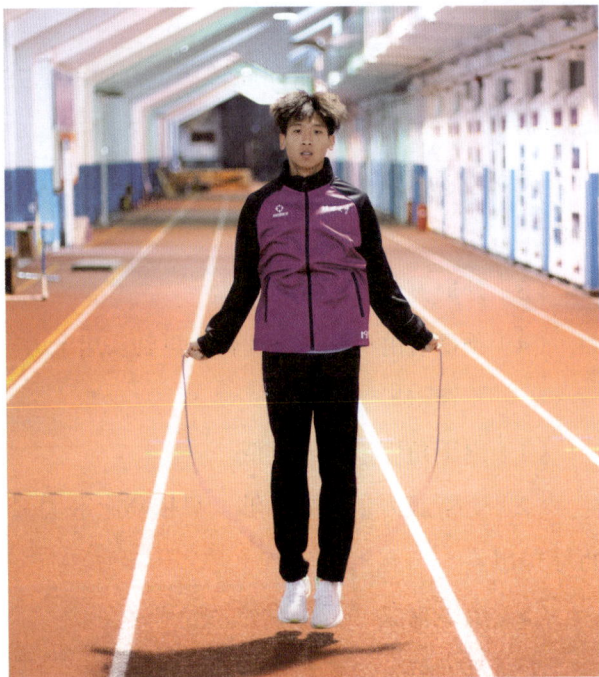

图 2-11

跳绳

1. 技术要点

（1）摇绳的主要部位是手腕。

（2）跳起的高度不宜太高，一般 3~5 厘米，落地时稍有屈膝缓冲动作。

（3）呼吸要有节奏，全身要放松。

2. 易犯错误

（1）跳起太高，膝关节过于弯曲。

（2）位置不固定，周围移动太大。

（3）整个手臂参与摇绳，过度消耗体力。

（4）跳绳时整个脚掌落地。

3. 纠正方法

（1）练习时确定一个区域，尽量避免跳出区域。

（2）膝盖尽可能保持直立，可通过原地纵跳

来巩固。

（3）让动作幅度变小，避免身体大幅度振动。

2.1.7　原地纵跳摸高

原地纵跳摸高是测试下肢爆发力和纵向跳跃能力的重要指标之一。

自然站立，双腿分开略比肩宽。背部挺直，挺胸收腹，头部保持中立位，微收下颌，双臂上举；身体快速下蹲至 1/4 处，屈膝屈髋幅度相同，同时手臂向下向后充分摆动，随后两臂迅速有力向前上方摆动，髋、膝、踝关节同时伸展，用手触碰最高处的标志物；落地缓冲时屈膝屈髋（图 2-12、图 2-13）。

图 2-12

图　2-13

原地纵跳摸高

1. 技术要点

（1）髋、膝、踝三关节同时快速伸展。

（2）蹬地快速有力，蹬地和预摆要协调，空中展体要充分。

（3）上下肢动作协调配合。

2. 易犯错误

（1）重心靠前或靠后，起跳角度倾斜。

（2）下蹲过深，双手举高没有摆臂，头始终向上看。

（3）下蹲后没有快速起跳，无法利用肌肉的弹性势能，导致纵跳高度下降。

3. 纠正方法

（1）保持重心在两腿之间，垂直向上跳跃。

（2）在练习前，规范起跳姿势，并进行神经激活训练，提醒下蹲（离心过程）—起跳（向心过程）要迅速。

（3）多进行原地摆臂动作练习。

2.1.8　立定跳远

立定跳远是测试下肢爆发力和横向跳跃能力的重要指标之一。它可以反映下肢爆发力和上下肢身体协调能力。

两脚左右开立，与肩同宽，两臂前后摆动，前摆时，两腿伸直，后摆时，屈膝降低重心，上体稍前倾；两脚快速用力向前上方蹬地，同时两臂由后往前上方摆动，空中充分展体；收腹举腿，小腿前伸，同时双臂用力往后摆动，屈膝落地缓冲（图 2-14 ~ 图 2-17）。

图　2-14

图　2-15

图　2-16

图　2-17

立定跳远

1. 技术要点

（1）上下肢动作协调配合，摆动时一伸、二屈、降重心，上体稍前倾。

（2）蹬地快速有力，蹬地和预摆要协调，空中展体充分，强调离地前的前脚掌瞬间蹬地动作。

（3）把握好小腿前伸的时机，屈腿前伸，手臂后摆。

2. 易犯错误

（1）预摆不协调。

（2）上体前倾过多，不屈膝，重心降不下去，成鞠躬动作。

（3）腾空过高或过低。

（4）收腿过慢或不充分。

（5）落地不稳，双腿落地区域有较大的差异。

3. 纠正方法

（1）反复做前摆直膝后摆屈膝的动作，由慢到快。

（2）做屈膝动作，眼睛往下看。

（3）利用一定高度或一定远度的标志线进行练习。

（4）反复做收腹跳的练习。

（5）多做近距离的起跳落地动作，手臂的摆动要协调配合。地面设置标志物，双脚主动有意识地踩踏标志物。

2.2　课后练习与训练计划制订

2.2.1　引体向上（男）和斜身引体（女）课后练习

（1）静态悬挂（30 秒 ×3 组）。

（2）斜身引体（15 次 ×4 组）。

（3）离心引体（12 次 ×3 组）。

（4）俯身哑铃划船（10 次 ×2 组）。

2.2.2　引体向上（男）和斜身引体（女）训练计划制订

训练时间与计划的制订要根据自身的实际情况而定，对于体重较大的青少年，应先控制体重，多进行一般性的运动。对于力量较弱的青少年，需进行专门性的训练，一般每周进行 2～3 次训练，每次训练不少于 40 分钟。

2.2.3　双杠臂屈伸（男）课后练习

（1）双杠支撑练习（60 秒 ×3 组）。

（2）坐姿臂屈伸（15 次 ×4 组）。

（3）俯卧撑（15 次 ×4 组）。

（4）静态两头起（45 秒 ×3 组）。

2.2.4　双杠臂屈伸（男）训练计划制订

训练时间与计划的制订要遵循循序渐进原则，每一次的负荷量要进行变化，没有达到一定的训练负荷很难有训练效果，而训练过度也会造成运动疲劳，因此应根据自身的情况进行调整，每周进行 2～3 次训练，每次训练不超过 40 分钟。

2.2.5　仰卧起坐（女）课后练习

（1）助力拉绳仰卧起坐（15 次 ×4 组）。

（2）双手交叉于胸前仰卧起坐（15 次 ×4 组）。

（3）抱头仰卧起坐（15 次 ×4 组）。

（4）卷腹摸膝（20 次 ×2 组）。

（5）仰卧直腿抬高（20 次 ×2 组）。

2.2.6　仰卧起坐（女）训练计划制订

根据个人的训练目标和身体状况，确定合适的训练时间和频率。由于仰卧起坐主要运用到腹部肌群。一般 24 小时可以恢复，建议每周进行

3～5 次训练，每次训练时间不超过 30 分钟。

2.2.7　实心球课后练习

（1）坐姿抛实心球（8 次 ×1 组）。

（2）跪姿抛实心球（8 次 ×1 组）。

（3）抛轻实心球（8 次 ×1 组）。

（4）跪姿抛球下砸（10 次 ×2 组）。

（5）俯卧撑（10 次 ×2 组）。

2.2.8　实心球训练计划制订

实心球训练计划一般需要在掌握正确动作要领的前提下，再进行身体素质的加强。可通过分解动作体会各部位发力感，再进行轻重量的实心球练习体会完整动作的发力顺序，提高整体动作的连贯性。每周进行 2～3 次训练，每次训练时间不少于 30 分钟。

2.2.9　跳绳课后练习

（1）双绳空摇（50 次 ×2 组）。

（2）并腿跳绳（100 次 ×2 组）。

（3）交换脚跳绳（1 分钟 ×3 组）。

2.2.10　跳绳训练计划制订

训练计划的制订要合理，1 分钟跳绳属于代谢训练，一般安排在课的后半部分进行。根据自身的熟练程度，提高每周的训练量，减少失误率。每周进行 3～4 次训练。

2.2.11　原地纵跳摸高和立定跳远课后练习

（1）收腹跳（10 次 ×3 组）。

（2）展体跳（10 次 ×3 组）。

（3）跳箱（10 次 ×3 组）。

（4）仰卧举腿（10次 ×3组）。

2.2.12 原地纵跳摸高和立定跳远训练计划制订

下肢爆发力是纵跳能力的体现，提高下肢爆发力的方法众多，通常应用较为广泛的有末端释放训练法、最大力量训练法和快速伸缩复合训练法等。目前，普遍认为快速伸缩复合训练是提高爆发力和快速力量的最有效方法。可安排收腹跳、蛙跳、深蹲跳、跳上跳箱等。每种练习的训练安排不可超过 5 种动作，两次训练课之间的恢复期为 3~4 天，总跳跃次数控制在 80~100 次。进行跳跃练习时首先要掌握正确的落地技巧，落地时，肩、膝、脚趾在同一垂直面，同时踝、膝、髋关节屈曲，适当的落地姿势是预防损伤的关键。

第 3 章 中 长 跑

3.1 中长跑项目简介

中长跑项目集耐力、速度、战术和意志力于一体，是一项古老的田径运动。中长跑项目历史悠久，因不受场地限制，普及最广，深受健身爱好者的喜爱。它不仅强健体魄，还追求身体与灵魂的完美结合，影响着人的行为与情绪。

中长跑是中跑和长跑的合称。田径项目将径赛分为长跑、中跑和短跑三大类。800 米以下称为短跑，5000 米和 10000 米称为长跑，介于长跑与短跑之间的 800 米和 1500 米称为中跑。除此之外，还有超长项目马拉松（42.195 千米）和特殊项目 3000 米障碍跑。

3.2 中长跑项目的发展

中长跑项目的比赛主要在各大型赛事上出现。世界级的有奥运会、世界田径锦标赛、世界杯和国际钻石联赛，洲际比赛，如亚洲的亚运会、亚锦赛等。我国则有四年一届的全运会、全国田径锦标赛、大奖赛等比赛。

我国中长跑项目起步虽晚，但在几代人坚持不懈的努力下，在国际赛场也占领了一席之地。1992 年巴塞罗那奥运会上，曲云霞以 3 分 57 秒 08 的成绩夺得 1500 米的铜牌，成为我国第一位获得奥运会中长跑项目奖牌的运动员。"东方神鹿"王军霞紧随其后，在 1996 年亚特兰大奥运会上获得 5000 米冠军、10000 米亚军，她创造的 10000 米世界纪录保持了 23 年之久。2004 年雅典奥运会上，邢慧娜以 30 分 24 秒 36 的成绩获得 10000 米冠军。

3.3 中长跑项目的特点与作用

3.3.1 中长跑项目的特点
1.速度较慢、耐力强
中长跑项目距离远、耗时长、体力消耗大，参与该项目训练的运动员和爱好者都具备较强的耐力。

2.训练强度高
为了克服中长跑运动过程中产生的疲劳感和缺氧现象的发生，在训练时基本都采用较强的方法和手段进行练习。

3.团队协作（战术）

中长跑项目看似是个人运动，实则需要团队配合。中长跑项目距离比较长，队友间相互配合轮换领跑，降低消耗，节省能量，以实现成绩的突破，所以此时的团队优势尤为重要。

4.供能

中长跑是典型的周期性耐力项目，主要由磷酸原、糖酵解和氧化能三大系统混合供能。随着跑动距离的增加，磷酸原系统和糖酵解系统两大无氧代谢过程逐渐转换成有氧代谢，它们会在不同时期，根据肌肉活动性质分解、释放相应能量以保证运动所需。

1）磷酸原系统

磷酸原系统是由三磷酸腺苷（ATP）和磷酸肌酸（CP）共同组成的供能系统，因为 ATP 和 CP 的化学结构都属于高能磷酸化合物，所以称为磷酸原系统。肌肉内的 ATP 含量少，每次输出可维持机体 1~2 秒的全力运动。ATP 的分解速度非常快，它一旦被分解就需要 CP 来帮助补充肌肉所需要的能源。CP 释放的能量不能被机体直接利用，需将 CP 的无氧分解与糖的无氧糖酵解生成乳酸后释放出能量再合成 ATP 为机体供能。

2）糖酵解系统

糖酵解系统是指骨骼肌中的肌糖原或肝糖原在运动无氧条件下分解生成乳酸再合成 ATP 为肌肉供能的系统。磷酸原系统的供能时间非常短，糖酵解才是无氧耐力的供能源，要想改善无氧耐力水平，必须提高糖酵解的能力。保持高强度的运动是提高糖酵解供能能力最有效的方法，保证运动中主要由糖酵解供能，使机体内有明显的乳酸积累。从运动生化的角度分析，乳酸的堆积会导致机能下降，机体疲劳影响运动能力，可提高糖酵解供能能力又需要大量的乳酸积累来刺激机体对酸性物质的缓冲和适应。

3）氧化能系统

氧化能系统又称有氧的系统，是指运动时人体所需的能量是由糖、脂肪和蛋白质经过有氧氧化成可直接为机体供能的 ATP。该能源以糖和脂肪为主，储备量大，能维持较长的运动时间，是中长跑运动的主要能源。

3.3.2 中长跑项目的作用

1.促进身心健康

1）预防近视

中长跑时眼睛直视远方，让眼睛放松，缓解眼睛疲劳，能有效地降低青少年近视的发生。

2）心血管系统

长期坚持中长跑可以提高最大摄氧量，加速血液循环，充足的血液供给心肌，从而降低各种心脏病的发生；静脉血液回流，可预防静脉曲张；改善新陈代谢，降低血脂和胆固醇水平。

3）心肺功能

有规律的中长跑训练能有效地发展肺部呼吸肌，提升每次换气量，增强肺功能。

4）增肌减脂

中长跑是一项全身运动的项目，距离长，体能消耗大，能够消耗多余的脂肪、增强肌肉，打造良好的身材曲线。

2.意志品质

中长跑项目距离远，耗时长，动作简单枯燥，是一项考验意志力的运动项目。长期进行中长跑锻炼能使人的心理变得强大，能够战胜生理和心理的极度疲劳，遇到挫折和困难时也能顽强克服。

3. 培养情感

中长跑项目简单枯燥，能量消耗大，很多人都难以坚持。结伴锻炼是一个不错的选择，运动过程中跑者间可以通过语言、领跑等方式相互鼓励和扶持，不仅提升运动成绩，同时也增进了人与人之间的感情。

以上仅列举了中长跑项目的部分作用，它的作用还有很多，如强健体魄、完善人格、发掘和为社会培养人才等。中长跑项目虽然简单枯燥，但不断有人加入这个集体，在社会也有较大的影响力，也因为项目的魅力，让更多人走上了终身锻炼之路。

3.4 中长跑项目对青少年的训练和教育意义

青少年正处于身心发育的时期，学习压力重，在这个阶段既需要缓解压力，又要强身健体，中长跑可以成为这个群体的首选锻炼项目。首先，该项目对场地、器材和着装的要求都比较低；其次，它花费的时间少，成果较显著。通过科学合理地进行锻炼，不仅能释放巨大的压力、磨炼意志，还可以使跑者保持良好的心理、生理状态。

3.4.1 中长跑项目对青少年的训练意义

1. 增强身体素质

长期坚持跑步可以提高自身身体素质，发展耐力与爆发力。适度的运动能提高免疫细胞的活跃度，改善体质，增强免疫力，能更有效地抵御病毒的侵入。

2. 提升心肺功能

坚持中长跑训练可以提高红细胞的载氧能力；增强心脏肌肉收缩的能力，使血管变得强壮有弹性，随着呼吸肌的强壮，肺活量也得到提升。

3. 促进血液循环

中长跑项目可以促进血液循环，加快脑部供血速度，为大脑提供更多的营养和养分，使大脑保持清醒、思维敏捷。神经系统功能的改善还可以提高中枢神经对各系统、器官的调节和控制能力。

4. 预防疾病

长期坚持跑步可以加快血液循环，促进血液流通，对有害物质起到清洗作用，降低血液浓稠度，对高脂血症以及高脂血症继发而引起的冠心病、血管硬化、脑血管疾病等有良好的预防作用。除此之外，还可以缓解肩颈疼痛、预防骨质疏松等慢性疾病的发生。

5. 愉悦身心

跑步时可以刺激交感神经和下丘脑分泌多巴胺，能有效地缓解焦虑和紧张情绪，从而使人感到愉悦、积极、乐观。

3.4.2 中长跑项目对青少年的教育意义

1. 培养思维能力

首先，跑步比赛时需要根据当时天气、场地、对手等随时变换战术，才能充分展现实力；其次，跑步可以加快大脑血液的流动，促进大脑发育，提升脑部的记忆和学习功能，使人越来越聪明。

2. 提高抗压能力

随着社会的发展和进步，人们在享受舒适生活带来便利的过程中，也饱受各方面带来的精神压力，长期生活在精神压力中容易引起各种心理疾病。中长跑是个人运动项目，在锻炼过程中可根据自身情况随时调控速度，在舒缓的慢跑中体验生活带来的乐趣，在加速跑中寻求刺激的快感。有研究显示，跑步时能暂时忘记生活中的不愉快和工作的烦恼，所以，长期坚持跑步不仅可以减轻压力，还能提升抗压能力。

3. 磨炼意志

在中长跑运动的过程中会遇到很多困难，如增加距离、提高强度和出现"极点"现象时，会感到四肢无力、呼吸困难，此时就需要与困难做斗争，用顽强的意志去克服暂时的各种身体不适。所以，坚持中长跑锻炼不仅能强身健体，还能锻炼意志，为克服生活、学习及工作中将遇到的困难做好准备。

4. 培养拼搏精神

拼搏是内驱力，一个人有顽强的拼搏精神才有执着的信念、不断进取战胜困难，向着目标前进。中长跑运动的成败主要取决于是否有拼搏精神，从出发到结束就是一个自我较量的过程。想要取得胜利，除了有超强的实力，还要有强大的心理，凭借坚定的信念和顽强的拼搏精神，不断地拼搏、奋斗，克服重重困难，方能实现目标。

5. 体现公平竞争

竞争是人类生存的基本动力，是社会存在的核心，有竞争才有发展，而公平竞争是人文精神的主要构成部分之一。中长跑项目在不断发展的过程中，已经建立了一套有效的考核、监督、评价体系，该体系主要以量化指标对比赛进行公平、公正、客观、准确的评判，最大限度地避免人为主观因素对比赛造成干扰，充分体现公平

的竞争精神。除此之外，中长跑运动都在户外进行，接受所有的监督，更体现了它的公正性和透明性，坚决杜绝徇私舞弊、投机取巧的发生。所以，中长跑项目是公平竞争的典范，对青少年有非常好的教育意义。

6. 提升人际关系

随着科技发展，人们的生活方式也在跟着改变，无形中增加了社会压力，而在中长跑项目练习过程中，可以形成良好的竞争价值观，不断拓展人类的视野，积极适应和融入周围的环境，调节人际关系和形成良好的社会适应能力。

7. 提升时间掌控能力

中长跑项目是毫秒之争的角逐，有很高的观赏价值。长期坚持中长跑运动，可以提升时间掌控的能力，顶尖的中长跑运动员甚至可以将每一圈的时间精准控制在同一时长。

8. 健全人格

中长跑项目距离较长，需要有坚强的意志品质，无论是平时锻炼还是竞赛都要有明确目标和克服困难的决心。想要取得胜利，必须有吃苦耐劳的精神和坚韧不拔的意志品质，在长期艰苦训练中养成的坚韧性和自制力有益于人的全面发展。如能把这些品质迁移到学习中，必定提高学习效率与成绩。

总之，中长跑项目不仅培养跑者吃苦耐劳、顽强拼搏的精神，对提高身体素质也有非常好的效果。青少年长期坚持参加中长跑训练，不但能增进身心健康，对促进学习也有积极的作用。另外，中长跑项目不仅对正值各方面快速发育的青少年的身体各器官的发育有帮助，而且对该时期的长期用脑也是一种积极的放松，愉悦心情有益于缓解学习中带来的精神、心理等方面的紧张情绪。中长跑项目对锻炼意志品质、主动克服困难

的勇气、增强信心都有特殊的作用。因此，在青少年时期开展中长跑运动，是思政教育不可或缺的一部分。

3.5 中长跑基本技术

与一些高难度技术性项目相比，中长跑技术相对简单，但要想形成一套完整的运动技术体系也不是一件容易的事情。为了避免训练过程中受技术动作的影响，应从一开始就建立正确的技术概念，训练过程中更是要严格按照正确的技术要求去要求运动员，发现问题及时纠正。要想训练效果好，需有针对性地逐一纠正、重点强化，必要时还可以增加一些辅助练习手段。

3.5.1 摆臂

摆臂是跑步技术的重要组成部分。正确的摆臂动作有利于在快速跑动过程中保持身体重心的稳定，协调身体各方面的平衡用力，使身体保持直线向前，合理的摆臂还可以增强蹬地的力量，提高跑动速度。

两腿前后或左右站立，身体直立或微前倾，目视前方，半握拳，两臂放松，肘关节自然弯曲，以肩为轴前后自然摆动（图3-1、图3-2）。

图 3-1

图 3-2

摆臂

1.技术要点

（1）上体保持直立或微前倾。

（2）手臂放松，肘关节自然弯曲成90°。

（3）摆臂时，前摆不过下颌，后摆于体侧。

2.易犯错误

（1）高低肩，两肩不平。

（2）紧张，身体僵硬。

（3）手臂左右摆。

3.纠正方法

（1）两人一组，语言提示或用手控制练习者肩部；原地摆臂，利用镜子自己感受。

（2）身体放松，面带微笑进行原地摆臂练习，动作有所改善后可采用慢跑来加以巩固。

（3）站在有限制的区域，如两个栏架或双杠中间做摆臂练习，或站在镜子前做摆臂练习，自己做动作观察。

3.5.2 起跑

起跑是跑步项目中非常重要的环节，起跑的好坏直接影响比赛成绩。起跑过快易造成抢跑，一旦出现抢跑则直接取消本次比赛资格。起跑落后则失去最佳占位机会，影响抢道。起跑后的加速阶段也不可忽视，需加大上体的前倾角度，加快手臂和腿的摆速，腿后蹬要积极有力。该阶段的长短没有特定的距离，一般根据项目、个人特点及战术的需求，直到发挥出适宜的速度和占据有利的位置，顺利地转入匀速而有节奏的途中跑。

中长跑一般都采用站立式起跑姿势，有"各就位"和"枪声"两个口令（图3-3）。

图 3-3

起跑

1.技术要点

（1）听见"各就位"的口令时先做一到两次深呼吸，接着走向起跑线，两脚前后开立站于起跑线后。

（2）有力腿在前，全脚掌落地，脚尖紧贴起跑线后沿，后脚在距前脚一脚至一脚半的位置，以脚尖着地的方式站立，身体重心基本落在前腿上。根据各项目特点，双腿的弯曲程度与上体的前倾程度也会不同。距离越短，上体的前倾程度和双腿的弯曲程度就会大一些；距离越长，弯曲程度相对就会小一些。

（3）双臂自然弯曲，前脚的异侧手臂置于胸前，同侧手臂置于体后，也可按照个人习惯将双臂置于体前，自然放松下垂。

（4）颈部放松，两眼看向前方距离起跑线约5米的地方，保持稳定的身体姿态，集中注意力静听枪声。

（5）当听到枪声后，两腿迅速用力蹬地，前腿快速向前摆出，后腿充分蹬直，同时，两臂与腿部动作配合进行快速有力的前后摆动，使身体在最短的时间内以较快的速度向前冲击来完成起跑任务。

2.易犯错误

（1）抢跑。

（2）站立在起跑线后，双腿直立不弯曲或弯曲幅度过小。

（3）准备时，身体重心前移不够，处于两腿之间，使身体重心靠后。

（4）眼睛看的地方过远或太近。

（5）身体过于紧张，上下肢不协调。

（6）起跑时，前脚原地蹬脚。

（7）起跑时迈脚不对，造成一手一脚不协调。

3. 纠正方法

（1）多做听枪或听哨的起跑练习。

（2）听见"各就位"口令时，要求屈膝降重心，前腿膝盖过脚尖，上体前倾。

（3）利用挂图讲解或观看优秀运动员比赛视频进行学习。

（4）分组练习，学生间相互提醒、指导和纠正。

（5）在起跑线前 5 米左右的地方放置标志物，眼睛看向标志物。

3.5.3 抢道（抢位跑）

抢道对中长跑项目十分重要，利用起跑后的加速占据有利地形，成功进入第一梯队，避免冲撞，以充沛的体力进入后面的比赛。

1500 米及以上项目的起跑都不分道，所有参赛选手站于同一条起跑线后，听枪声统一出发。抢道，重点在"抢"，听到枪声后尽力往前冲，抢占有利位置，尽量避免因碰撞和阻挡而影响跑步节奏，为下一阶段调整好自己的跑速做准备。

注：1000 米是男生中考及体质测试必测项目，起跑同 1500 米竞赛规则。

1. 技术要点

（1）鸣枪后立即向跑道内沿切向跑出。

（2）适当加速，拉开距离，避免拥挤。

（3）人多时，适当放缓速度，调整跑位。

2. 易犯错误

（1）跑出最里侧的跑道。

（2）内道超越。

3. 纠正方法

（1）进行多人一起的起跑并完成抢道的训练，加强抢道意识。

（2）口头提醒，杜绝跑出最内侧跑道和内道超越等错误出现。

抢道（抢位跑）

3.5.4 途中跑

途中跑阶段距离远，持续时间长，体力消耗大。为了创造优异的成绩，尽量减少不必要的体能消耗，协调合理的动作是最有力的保证，所以掌握正确的途中跑技术非常重要。途中跑技术要求步子大、轻松而柔和，充分的腿部蹬伸，腿和地面达到垂直。腿部力量强的运动员能把脚着地时降低的身体重心落在支撑腿上，而另一侧髋部下降就能缓解落地带来的冲击力。

3.5.4.1 上体姿势

途中跑的过程中，上体稍微向前倾斜是正常现象，角度范围控制在 5° 左右即可，随着速度的加快，上体的前倾也会随之加大，这都是为了保持平衡的正常反应。在跑的途中要保持平稳向前，避免出现步幅变化过大，身体左右晃动。整个过程中头部的位置非常重要，低头会造成上体过度前倾，不仅会导致胸廓活动受限，影响呼吸，还使骨盆沿横轴下旋，改变肌肉的发力角度，影响大腿向前摆动；后仰则会引起腹部肌肉过度紧张影响后蹬的效果；左右晃动会造成体能的过度消耗和破坏跑动的直线性，从而影响跑动速度。正确的上体姿态应该是：头部和身体保持自然直线，颈放松，上体几乎直立或微前倾，目视前方。

1. 技术要点

（1）上体自然放松，直立或微前倾。

（2）双臂自然弯曲，前后摆动。

（3）目视前方，时刻关注赛况。

2. 易犯错误

（1）身体僵硬。

（2）眼睛左右乱看，目光过远或过近。

（3）摆臂动作过于紧张或放松。

3. 纠正方法

（1）摆臂练习，前摆用力，后摆自然放松。

（2）每 20 米左右的间隔放一个标志物，跑步过程中眼睛始终看向标志物的方向。

3.5.4.2　腿部动作

中长跑较为突出的技术特点是支撑腿后蹬与摆动腿积极前摆的协调配合，而身体向前位移的速度取决于支撑腿各关节伸直的时间，以及摆动腿向前送髋前摆的速度。前摆越积极，惯性越大，身体的向前性也越好。后蹬时按照髋、膝、踝的顺序依次伸展，努力做到后蹬的力量与身体运动的方向保持一致，高效地推动身体向前运动。途中跑时还要注意髋关节应尽量伸展，摆动腿迅速前抬并快速下压，小腿前摆。另外，步频和步幅直接决定跑步速度。稳定的步频、步长，节奏感，可推迟疲劳的出现（图 3-4 ~ 图 3-6）。

图　3-4

图　3-5

图　3-6

腿部动作

1. 技术要点

（1）后蹬腿和前摆腿协调配合，保持髋、膝相对弯曲的状态，推动身体向前。

（2）按照髋、膝、踝的发力顺序，使后蹬力量与身体方向保持一致。

（3）平衡的步长和步频，有效地将每一步都转化成速度。

2. 易犯错误

（1）重心不稳定，起伏过大或左右摇晃。

（2）身体重心过低，后蹬不充分，坐着跑。

（3）前腿前摆不积极，抬腿高度不够，贴着地面跑（女生更易出现）。

3. 纠正方法

（1）视线与目标保持一致，发展髋关节柔韧性，增强薄弱一侧的力量。

（2）加强后蹬跑、弓箭步走及弹跳类动作的练习，充分体会后蹬和送髋的动作。

（3）发展核心力量，多做高抬腿、上下坡跑练习，体会大腿前摆的高度。

途中跑距离长，变化多，练习时要根据自身情况和外界环境随时调整。步频和步长决定跑速，而步长的长短与运动员的腿长、动作幅度、腿部柔韧性、髋关节灵活性、蹬摆的力量与角度等因素有直接关系，平时练习中要加强这方面的练习。找到适应自己的步频、步长，以及适合自己的节奏，切勿受距离的增加或外界的影响打乱自己的节奏，甚至降低跑速。

3.5.5 弯道跑技术

弯道跑是圆周运动，跑动过程中会受离心力的影响。所以，在弯道跑时身体重心应向内倾斜，左脚以前脚掌外侧着地，右脚正好相反，用前脚掌内侧着地，左膝外展右膝内扣。速度越快内倾角度越大，此时，要加大右侧摆臂的幅度。

弯道跑技术

1. 技术要点

（1）左腿前摆时膝关节外展，前脚掌外侧着地。

（2）右腿前摆膝踝关节内扣，前脚掌内侧着地。

（3）身体重心向内倾斜，右臂摆动幅度大于左臂。

2. 易犯错误

（1）右脚外"八"字。

（2）左臂动作幅度过大。

（3）身体重心向内倾斜不够。

3. 纠正方法

（1）着地时脚尖朝向内线方向。

（2）加大右臂摆臂的力度和幅度。

（3）绕圆圈跑，体会身体向内倾斜。

3.5.6 冲刺跑技术

中长跑项目的终点冲刺跑是考验爆发力和毅力的时刻。经过长时间的途中跑，身体已处于疲惫状态，神经支配肌肉运动的能力下降，此时的技术动作非常容易变形，影响最后冲刺的速度和名次，此阶段是中长跑项目最艰苦、最重要的部分。想要缓解或摆脱动作变形现象，平时的训练就要加强疲劳状态下进行冲刺跑的练习，强化疲劳状态下控制技术动作的能力。

冲刺跑技术

1. 技术要点

（1）上体直立，调整呼吸，提前做好冲刺的准备，避免猛冲时出现意外。

（2）加大腿部的发力和步幅。

（3）匀速跑，最后 100 米全力冲刺。

2. 易犯错误

（1）过度紧张，身体和摆臂僵硬。

（2）身体前倾过大。

（3）呼吸、节奏混乱。

（4）能力不够或意志不坚定造成的降速。

3. 纠正方法

（1）原地摆臂练习或慢跑中自我暗示和自然放松。

（2）加强腹背肌肉的练习，原地体验并掌握身体前倾的角度。

（3）高强度间歇性训练，"极限负荷"，提升能力，同时加强意志品质的培养。

后程的冲刺跑直接关系到最终成绩与名次，越临近终点，越是取胜的关键。此时，需要合理的技战术和顽强的意志品质，在终点前完成超越，取得最终的胜利。

3.5.7 呼吸

中长跑过程中机体能量消耗大，当供氧量与机体的需氧量达不到平衡的时候就会感到呼吸困难，呼吸很大程度上可直接影响运动成绩。常用的呼吸方法主要有：两步一呼，两步一吸；三步一呼，三步一吸；一步一呼，一步一吸。冲刺跑阶段用的就是一步一呼、一步一吸的呼吸方法。不管采用哪种方法呼吸，都要遵循呼吸自然且有适宜的深度的原则。切记，从起跑到冲刺的任何一个环节中都要避免憋气的现象发生。

1. 技术要点

（1）采用鼻吸、口呼的方式进行呼吸。

（2）熟练掌握各阶段的呼吸方法，便于随时转换。

（3）步法和呼吸协调配合，有节奏。

（4）全程保持呼吸通畅。

2. 易犯错误

（1）全程用嘴呼吸。

（2）呼吸深度不够。

3. 纠正方法

（1）原地和慢跑时体会正确的鼻吸、口呼的呼吸方式。

（2）改为腹式呼吸，将手置于腹部感受吸气时腹部微微鼓起、呼气时腹部慢慢回收。

中长跑项目距离较长，能量消耗大，对氧气的需求也随跑动距离的增加而不断增大，因此，正确的呼吸方法特别重要。为了加人摄氧量，通常会采用口鼻共同呼吸的方式进行呼吸。在跑的过程中，内脏器官的活动不能满足运动器官的需求而产生的一种肌肉缺氧的现象。此时，常伴有呼吸困难、胸闷、肌肉酸软无力、动作不协调等现象出现。此现象称为"极点"。"极点"出现的时间和长短与运动员自身能力息息相关。当冲破"极点"难关后，身体运动能力会逐渐恢复，动作变得轻松、协调，这就是中长跑中的"第二次呼吸"。

3.6 中长跑基本战术

技术与战术统称为技战术，两者相辅相成，相互促进，为取得优异成绩各自起着不同的作用。技术是指完成动作的方法，是体现运动技能水平的重要因素，而战术是为战胜对手而采取的计谋。技术是外在表现，战术则是心理活动。

中长跑项目距离远、时间长，途中变化因素较多，合理的战术运用直接影响运动成绩与名次，所以战术对中长跑项目十分重要。合理的战术运用可以降低比赛时外界的干扰，掌握好速度与节奏，最大化地发挥自身的潜能。比赛时，每位运动员所采用的战术与自身能力都不一样，所以或多或少都会受到一些影响。此时，运动员应该保持头脑清醒，随时感知周围环境的变化，根据自身能力和赛前制订的战术方案继续完成比赛，不被他人影响。如果盲目跟随，会受他人牵制。想要在比赛时不轻易受外界干扰，平时训练就应对这些方面进行有针对性的训练，不仅要学会基本的战术，还要懂得如何运用战术，比赛时才能灵活运用。节奏感与对速度的控制是中长跑项目必不可少的一项能力，在平时的训练中应注重培养，按个人运动能力逐渐提高。

每一次战术的制订需要结合比赛场地、比赛任务、主要竞争对手、天气、赛制等众多因素综合考量，比赛目的不同战术也不同。通常，速度较好的运动员多会采用跟随跑战术，在接近终点时加速超越对手，最先到达终点；而专项耐力较好的运动员更多采用较快速度的领跑来摆脱对手，利用长距离的冲刺到达终点。高水平运动员一般都有较强的变速领跑能力，他们会以变换速度的战术打乱对手的节奏，消耗对手的体力，最终获得胜利。

无论是使用领跑战术，还是跟随跑战术，原则上都应注意以下因素：起跑后要力争抢占有利于自己的位置；跑进过程中要贴近内突沿，尽可能地减少跑动距离；超越对手时要选择在直道进行；途中跑时控制好速度和步长，尽可能地降低体能的消耗与动作的变形；遇到顶风，除了必要的领跑战术外，应让自己处于第二或第三的位置；立足于第一集团是取得最好成绩与名次的必要条件。

3.6.1 起跑战术

800 米跑是在自己跑道起跑，直到通过串道标志物才可以按规定路线离开自己的跑道，起跑后运动员一般都会用较快速度跑向有利于自己的位置，人数越多越明显。一旦错失抢占机会就会出现以下两种情况：一是外道运动员进不了里圈，从而增加跑动距离；二是内道运动员速度较慢，容易被外道运动员包围，不利于速度的发挥。此时，运动员应保持冷静，尽量保持现有位置、步频与节奏，寻找合适的时机冲出包围圈。为了防止因拥挤造成的踩踏，运动员可以加大摆臂的动作，为自己争取更大的安全面积。此战术应在平时训练时就多做相应的训练，培养比赛中的适应能力，减少赛程中的焦虑感。

3.6.2 途中跑战术

途中跑战术主要有领跑和跟随跑两种。当选手间实力相差不大时，可鼓起勇气跟上甚至超越。对手实力明显高于自己时，一定要按照自己赛前制订的战术完成，切勿盲从打乱自己的节奏。若是为了提高自身运动成绩，可采用领跑技术，起跑就需要占领第一的位置，严格按照赛前制订的速度分配计划执行并完成比赛。无论场上发生什么变化，都应按照原定速度完成每一圈的跑进任务，切不可因对手的干扰而打乱自己的节奏，影响身体器官的工作平衡，造成能量加速消耗。跟随跑时切忌被对手打乱节奏，一旦发现领跑者跑速异常，要及时放弃跟随跑，改用自己习惯的跑速与步长，保存体力，找准机会再超越。采用跟随跑战术心情会比较放松，从出发起只需要处于队伍的中间位置一路跟随，赛程过半或接近一半时再逐渐提速将自己的位置向前靠近，直到接近领跑者。此时的领跑者虽然在前，但体能上已不如后者，随时都有被超越的可能。团体作战时，可以和队友交替领跑，这样可以提高比赛的整体节奏，有利于选手成绩的发挥。所以，比赛时运动员需要保持清醒的头脑以掌控整个赛程，观察现场情况，根据自身和比赛的需要随时变换战术来完成自己的目标。

3.6.3　冲刺跑战术

冲刺跑通常是指用最短时间调动机体达到最大速度，用全部力量完成最后距离的冲刺。此战术的特点是基于运动员能够在最短时间内动员机体达到最大速度完成超越，获得胜利。不同距离项目的最后冲刺距离也会不同，赛前制订战术时需严谨。根据项目的特点和选手竞技水平及赛前训练情况，最佳冲刺距离也不同。加速一定要突然、迅速，打对手一个措手不及，这样赢的不仅是时间，心理上也取得了优势，一旦超越，切忌回头观望，一定要将优势保持到最后，直到取得胜利。

3.6.4　犯规与失误

赛场上情况变化万千，稍有不慎就会导致失败。《田径竞赛规则》规定：在不分道的情况下，恶意阻挡和挤撞他人，取消该项目比赛资格，而分道项目在受到他人的推挤或被迫离开自己跑道时，对手未获利且没妨碍其他运动员，不应取消其该项目的比赛资格。

3.7　中长跑项目课后练习与训练计划制订

中场跑是一项集速度、耐力、力量、灵敏、协调性为一体的运动项目。想要达到良好的训练效果，必须将各项素质完美结合。另外，训练时还需要注重规律性、循序渐进和适应性，只有这样才能在比赛中充分展示自我并取得优异成绩。

中长跑项目距离长、体能消耗大，建议赛前摄入适量葡萄糖，增加糖分的储备量，避免过早发生低血糖的现象而影响成绩；充分的准备活动可以避免伤病（肌肉拉伤、痉挛等）的发生。

3.7.1　耐力训练

耐力素质是中长跑项目中最重要的一项身体素质。耐力素质直接关系运动成绩，是衡量和维持训练的基本素质。

1. 一般耐力训练

一般耐力是指以中小强度长时间坚持运动的能力。一般耐力是基础，不仅能培养运动员的意志品质、改进跑步技术，而且还能有效地提高呼吸系统与心血管系统的工作能力。一般耐力训练在整个训练过程中占有比较大的比重，根据竞赛周期的安排，可以做相应的调整。

一般耐力训练的主要方法有：

（1）小强度的持续跑，心率控制在 150 次 / 分左右。

（2）越野跑是发展中长跑运动员有氧耐力的有效手段之一，该练习手段可常年采用。

（3）在严格控制无氧阈值速度的条件下，逐渐增加训练量。

2. 专项耐力训练

专项耐力是指在专项训练或比赛所需求的时间内可持续高强度运动的能力。专项耐力因项目不同机体的代谢供能方式也会有差异。糖酵解无氧代谢供能是专项耐力的主要供能方式，发展无氧代谢能力的同时，不能忽略有氧耐力的平衡协调发展。有研究表明，有氧代谢和无氧代谢之间存在良性的迁移关系，发展有氧耐力有利于氧气的输送能力和利用能力的提高。

专项耐力训练的主要方法有：

（1）匀速跑总时间控制在 40 分钟左右，保持必要速度，吸氧量可达到最大吸氧量的 60%~70%，跑后心率约 160 次/分。

（2）根据项目需求和训练任务进行不同距离的反复跑。一般控制在 2~5 组，每组 2~4 次，课次总跑量以不超过比赛距离的 2~3 倍为宜。在进行短于比赛距离的重复跑时，跑速应高于比赛平均速度。

（3）短距离间歇跑时快跑、慢跑交替进行，重复次数多，组与组之间有较长的休息时间，此练习以周为单位。

（4）长距离间歇跑主要发展最大有氧代谢能力，每段距离以 1500 米左右，一次课重复练习 6~8 次。

（5）台阶跑，以 40 级台阶为宜，可逐级或多级进行，每次完成 6~8 组，每周可安排 1~2 次。

（6）上坡距离跑 50~100 米，每次跑之间以慢跑恢复，4~6 次为一组，完成 3~5 组，每周可安排 1~2 次。

中长跑项目简单枯燥，耐力训练更是艰苦，所以在青少年时期要因材施教，根据运动水平有针对性地区别对待，增加练习的多样性。此外，还可以大胆尝试不同的训练环境，激发运动欲望和潜能。

3.7.2 中长跑项目力量训练

力量可直接影响速度和专项耐力的提高，所以力量训练对中长跑项目也很重要。以发展腿部力量为主、上肢和躯干力量为辅。

1. 下肢力量

中长跑的速度很大程度取决于下肢力量。跑步是单一往复循环的过程，需要双腿协同发力，持续完成目标。通过科学的训练，发展下肢力量能有效地提高中长跑的成绩。

下肢力量的主要练习方法有：负重深蹲、半蹲、沙衣弓箭步走、蹲跳、壶铃蹲跳、多级单足跳、跨步跳、蛙跳、台阶跳和立定跳等。

2. 上肢力量

上肢力量是指运动过程中肩、手臂等部位的肌肉发出的力量。上肢力量在运动时发挥保持身体平衡、助力、协调的作用，能有效地提升跑步效率。

上肢力量的主要练习方法有：俯卧撑、跪姿俯卧撑、立卧撑、引体向上、投实心球、哑铃摆臂、哑铃屈臂、哑铃侧平举、哑铃推举、哑铃前平举等轻器械练习。

3. 核心力量

核心是指人体的中间环节，即肩关节以下、髋关节以上包括骨盆在内的区域。核心肌群主要是承上启下，起到传导力量、稳定重心的作用。

核心力量的主要练习方法有：仰卧起坐、平板支撑、卷腹、仰卧举腿、仰卧触踝、坐姿仰卧剪刀腿、臀桥、转体等。

力量练习应贯穿整个训练周期，在负荷的安排上准备期应大于比赛期。根据各阶段的不同，每周应安排 1~2 次力量训练，每次力量训练结束后要及时放松。

3.7.3 中长跑项目速度练习

速度是影响成绩的决定因素之一，当今运动员比赛时往往在最后几十米甚至几米才分出胜负，可见，速度能力越强，冲刺越占优势。青少年正处于速度素质敏感期，此时建立正确的观念，是对科学训练的进一步完善。

中长跑速度训练的主要练习方法有：

（1）大量的组合速度练习，如30～50米的加速跑、100米左右的接力跑。

（2）150米左右的变速跑、重复跑。

（3）借助外力的加速跑练习，如皮筋牵拉跑。

（4）耐力跑时的快频率跑，刺激神经系统的"变速"能力。

（5）耐力训练后的速度和力量练习。

3.7.4 中长跑项目柔韧性、协调性练习

良好的柔韧性和协调性不仅可以改善身体形态，还能使运动中动作更优美，对提升成绩也有很大的帮助。

中长跑项目柔韧性和协调性的主要练习方法有：

（1）利用自身重量或力量完成屈体、转体、转肩等。

（2）下肢以各种压腿、踢腿、摆腿、劈叉等练习方法为主。

（3）利用皮筋、绳子等轻器械做拉伸练习。

（4）灵敏、协调可利用绳梯和小栏架完成各种跳跃、跨越等练习。

3.7.5 一周训练计划示例

1. 周一

（1）准备活动：热身跑3圈、自主拉伸3分钟、关节操。

（2）专项练习：行进间小步跑、高抬腿跑、车轮跑、后蹬跑，各2组。

（3）基本练习：匀速越野跑30～40分钟、软地上完成单足跳、跨步跳、蛙跳各6组。

（4）放松练习：慢跑2圈，韧带拉伸5分钟。

2. 周三

（1）准备活动：热身跑3圈、自主拉伸3分钟、关节操。

（2）专项练习：30米行进间高抬腿、后蹬跑、车轮跑，各3组。

（3）基本练习：1000米间歇跑2～4组、小重量力量练习、腰腹、背肌练习。

（4）放松练习：慢跑2圈、韧带拉伸5分钟。

3. 周五

（1）准备活动：热身跑3圈、自主拉伸3分钟、关节操。

（2）专项练习：摆臂练习、行进间踢腿、交叉跑、后蹬跑。

（3）基本练习：1200米变速跑（直道快、弯道慢）×2组，15分钟匀速跑。

（4）放松练习：慢跑2圈，韧带拉伸5分钟。

训练计划是训练过程中非常重要的一环，它是对未来的训练目标进行预先的规划和做出预先的理论设计。科学地制订训练计划不仅可以调动运动员的积极性，避免盲目性与片面性，还能不断学习和吸收新的科学知识与经验，结合对专项特征的认知，对未来的训练有针对性、科学地制订出训练方案与计划。

女生的生理期是一种正常的生理现象，没必要谈虎色变。生理期因人而异，有人没什么感觉，有人会有明显的不适感。有研究表明，适量且规律的运动可以缓解生理期的疼痛，但练习时应避开腰腹部和负重深蹲等手段。如有强烈的疼

痛感，就不要勉强运动。

3.8 安全注意事项

中长跑是一项普及最为广泛，且深受大众喜爱的运动项目。它不仅可以锻炼身体、增强体质、提高心肺功能、抵御寒冷，长期锻炼还能振奋精神，达到锻炼意志的效果。该项目虽深受各年龄段的跑者喜爱，但在参加中长跑运动锻炼时仍需注意一些事项，以确保运动者的健康和安全。

3.8.1　准备活动要充分

在进行剧烈运动前通过一些准备活动，使全身各部位和各器官系统先得到适当的预热，克服功能惰性，为逐步加大难度的动作和运动强度做准备。充分的准备活动不仅可以预防和降低伤病的发生，同时也是在提高神经系统的兴奋度和肢体的协调性，使运动者以饱满的精神和良好的身体状态更好地掌握技术和技能。练习内容可以是小步慢跑、韵律操、各种牵拉、专门性练习等。

3.8.2　正确的跑步方法

正确的技术和合理的跑步方法能有效地节省体力和降低伤病的发生。

3.8.3　气温

气温对中长跑项目的影响非常大，适宜的温度不仅容易创造佳绩，还能让跑者身心愉悦，不管是锻炼还是身心都起到良性影响。春秋季的温度在20℃左右最适宜中长跑训练；夏季温度较高，体内温度不易传导散发，体温升高，出汗多、消耗大，电解质大量流失，易出现头晕、肌无力、肌肉痉挛等现象；冬季气温低，神经反应变得迟缓，充分的准备活动能有效地降低伤病的发生，跑步前还可以揉搓双手、面部、耳朵，促进这些部位的血液循环。雨雪天气尽量改为室内训练，以防意外发生。

3.8.4　运动装备

舒适、合理的运动装备不仅可以创造优异成绩，还可以降低疲劳的发生，使跑者身心愉悦。建议穿着易吸汗的纯棉衣物或易干的速干衣服。特别是冬季，跑前要减少衣着，避免因着衣较厚而不能及时使汗水挥发，引起运动后脱衣受寒，引发伤风感冒等。运动鞋的选择也非常重要，在选择时要注意以下几点：首先，运动鞋要合脚，合脚的运动鞋有良好的支撑和缓冲作用；其次，透气性好，能保持脚的凉爽与干燥；最后，轻便的运动鞋有助于速度的提升和降低疲劳的发生。

3.8.5　呼吸

鼻子呼吸有利于保证清洁度和湿度，口鼻并用呼吸时嘴以半张为宜，过大会使咽部过干，吸入大量冷空气还可能引发胸痛、腹痛等。

3.8.6　场地

有条件时最好选择安全且正规的塑胶跑道，条件不允许时尽量选择平整、安全的道路进行。

3.8.7　运动量

运动量要适度，出现头晕目眩、身体不适时要降低跑速和跑量，严重时应即刻停止运动。

第 4 章 足　　球

4.1　足球项目简介

足球项目是全球最具影响力的单项体育运动，也是世界上最流行、最商业化的体育运动。足球是一项以脚来控制和支配球为主，两支球队按照规则在球场上互相进攻和防守对抗的运动项目。最常见的足球比赛是 11 人制，分两队，每队 11 人，比赛时间 90 分钟，分上下两个半场，各 45 分钟。如遇球员受伤或其他特殊情况，裁判可适当补时，以将球射入对方球门多者为胜。如果是淘汰赛阶段比分打平时，可进入加时赛，时间 30 分钟，也分上下半场，各 15 分钟。如果仍然打平，则进行罚点球，来决定胜负。足球比赛时间长、观众多、场地大，还具有对抗性强、战术多变等特点，是其他运动项目无法企及的，故被称为世界第一运动。

4.2　足球项目的发展

随着足球运动的普及和发展，越来越多的人参与到足球运动中，同时各国间的足球比赛也越来越多，大型赛事有世界杯、欧洲杯、亚洲杯、美洲杯等，吸引着全球数以亿计的观众。这些赛事不仅仅是一场场比赛，更是一场场全球性的盛会，汇聚了来自各个国家和地区的顶级球员，展示他们的技艺、激情和团队合作精神。这些赛事不仅仅是体育竞技，更是一种文化和社会现象，它们超越了国界和种族，将人们连接在一起，共同追求梦想和荣誉。这些足球赛事不仅给球迷带来了无尽的激情和欢乐，让人们在赛场上享受着足球的魅力，也为世界各地的经济、旅游和文化交流带来了巨大的影响和机遇。

4.3　足球项目的特点与作用

足球比赛节奏比较快，需要球员之间快速反应、快速移动、迅速传球、抢断、射门等。足球也是一项团队合作的运动，需要球员之间默契合作才能取得胜利。足球除了可以让人们体验到运动的乐趣外，还有许多其他的特点和作用。

4.3.1 足球项目的特点

1. 整体性

足球比赛要求场上的 11 人必须思想统一、行动一致，团队意识要强。只有形成整体的进攻与防守，才能取得比赛的主动权及良好的比赛结果。

2. 对抗性

足球是一项竞争激烈的对抗性项目，为了将球攻进对方球门，而又不让对手将球攻入本方球门，比赛中双方为争夺控制权展开激烈竞争。

3. 艰辛性

足球比赛以高强度的对抗为特征，比赛时间长，球员奔跑距离长，能量消耗大，所以要求球员必须具备承受超负荷运动的身体素质。

4. 多变性

足球是一项技术多样、战术多变、胜负结局难以预测的运动项目，并且攻守转换快速、频繁。技战术也是依据临场中具体情况而灵活机动地加以运用和发挥的。

5. 易行性

足球竞赛规则比较简单，器材设备要求也不高。一般性足球比赛的时间、参赛人数、场地和器材也不受严格限制，是一项非常适合开展的全民健身项目。

4.3.2 足球项目的作用

1. 促进身体健康

足球是一项需要球员激情和活力的运动项目，它激发了人们对体育锻炼的热情，并且可以提高心肺功能和耐力。在足球比赛中，球员需要不断地奔跑和移动，这既会让身体得到锻炼，也能够促进身体健康。

2. 培养团队合作精神

足球能够培养人们的团队合作精神。在训练中，团队合作是必要的；在比赛中，团队合作则更为重要。这些积极的体验能够让运动员更好地理解团队精神。

3. 发掘和培养人才

足球是一项备受关注的运动项目，不少优秀球星都是从足球训练中被成功发掘出来的。足球项目能够磨炼年轻人意志，艰苦训练能够发掘和培养潜在的足球人才。

4. 联系情感

足球也能够加强人与人之间的情感联系，增进友情和团结精神。在足球比赛中，球员之间需要相互扶持、相互鼓励，从而让整个团队变得更有凝聚力。还能够使球员与球迷之间的关系更加密切，让大家成为一家人。

总之，足球既可以发掘和培养人才，又可以促进身体健康，还能够联系情感。足球项目在体育领域和社会中都有着广泛的影响和重要作用。我们应该鼓励更多的人参与到足球运动中来，从而享受到运动所带来的种种乐趣。

4.4 足球项目对青少年的训练和教育意义

足球作为一项团队合作密切、攻防转换频繁的运动项目，非常适合青少年参与。足球项目训练，不仅能够促进青少年身体素质和技术能力的提高，同时对他们的思想道德、心理健康也有着积极的影响。

4.4.1 足球项目对青少年的训练意义

1. 提高身体素质

足球项目需要运动员具备良好的身体素质，如耐力、速度、敏捷性、力量和灵活性等。训练中的不断跑动，场上投入的积极态度，都有助于锻炼青少年的身体素质。而且，足球的训练方式以及其有趣的比赛形式，也能够激发青少年的热情，让他们乐于参与。

2. 促进心理健康

足球的艰苦训练以及比赛规则，对青少年的意志品质有非常好的锻炼作用。可以培养青少年艰苦奋斗、坚持不懈的体育精神，提高他们的自信心和社交能力。同时还可以帮助青少年释放压力，舒缓情绪，提高情绪管理能力，促进心理健康。

3. 培养挑战自我和克服困难的精神

足球训练需要提高技术和策略，更需要刻苦钻研和自我挑战。足球训练能够培养青少年挑战精神和创新性地解决问题的能力。

4. 培养全面素质和综合能力

足球项目是一项综合运动，对于制动力、观察力、判断力、协调性和速度等方面都有很高的要求，同时还要求运动员有良好的沟通与团队意识。这使得青少年在足球训练中可以提升综合体育能力，而不是仅仅专注于某一方面的能力训练。

5. 促进思想道德教育

团队合作和竞技精神是足球项目的核心价值。在良好的足球训练氛围中，青少年完全可以树立和强化自己的诚信、责任、友爱、合作等思想道德观念，学会尊重他人、团结协作、珍惜胜利、接受失败，不断挑战自我。

4.4.2 足球项目对青少年的教育意义

1. 培养团队意识

足球是一项团队合作的运动，需要所有球员之间相互配合，才能完成比赛的全部要求。因此，在足球项目的训练中，营造良好的团队氛围，强调团队合作意识，让队员之间建立深厚的信任，才能共同获得胜利。

2. 法律意识与诚信教育

提倡公平竞争、公正裁判，在足球训练及比赛中，诚信是胜利的基础，尊重是成功的关键。课程思政可以通过对足球比赛规则、场地操作规范等的教学，增强青少年的规则意识，传递文明诚信的价值观念。

3. 毅力精神与挑战自我的动力

足球项目需要运动员具有较强耐心，在遇到挫折时仍能保持积极进取的心态。通过独立思考、克服错误的过程，激发出坚守信仰、不懈努力、勇往直前的精神，增强运动员自我掌控、自我成长的动力。

4. 科学训练和个性发展

科学、安全、有效的训练和培养方式对足球项目是非常重要的。足球技术、战术部署、体能训练、精神调整等方面的全面训练，能够培养出综合能力极强、领导能力优秀、具备创新意识的运动员，并激发他们对足球运动的热情。

5. 注重公平竞争

青少年足球项目的课程应该强调公平竞争的重要性，并培养学生遵守规则、尊重对手、赞赏对手的体育精神。

6. 培养自信心

青少年足球项目的课程应该注重培养学生的自信心，帮助他们发现自己的潜力，克服困难、取得成功。

7. 培养责任感

青少年足球项目的课程应该注重培养学生的责任感和自律性，帮助他们学会承担责任、尊重规则，养成良好的运动习惯。

足球项目不仅有利于加强青少年的身体健康和技术能力，也对孩子们的思想道德和心理健康产生着积极而深远的影响。足球可以帮助青少年扩大视野，积极投身集体活动，学会快乐地与他人合作，共同前进。

4.5 足球基本技术

4.5.1 脚背正面颠球

脚背正面颠球是足球运动中的基本技术之一，它可以帮助球员提高脚背正面触球的熟练度。

放松身体，眼睛直视足球，脚尖微勾，膝关节弯曲，保持踝关节稳定，用脚背正面与球底部接触，击球时小腿发力。双腿交替进行（图 4-1、图 4-2）。

图　4-2

脚背正面颠球

1. 技术要点

（1）球要落在脚背正面的中间位置，控制好球的落点和速度。

（2）脚背要用力，但不要用力过猛，否则球会反弹得太高或者飞出去。

（3）注意身体的平衡，保持身体的稳定性。

（4）视线要放在球上，注意观察球的运动轨迹和落点。

2. 易犯错误

（1）落点不准确，球落在脚背的边缘或者脚趾上。

（2）用力过猛，导致球反弹得太高或者飞出去。

（3）身体不稳定，容易失去平衡。

（4）视线不集中，注意力分散。

3. 纠正方法

（1）练习控制球的落点和速度，可以通过反弹球或者传接球的方式进行练习。

图　4-1

（2）逐渐增加颠球的高度和次数，提高颠球的技术水平。

（3）注意身体的平衡，可以通过站立平衡和单脚站立等方式进行练习。

（4）注意视线的集中，可以通过同时观察多个方向的方式进行练习。

4.5.2　大腿颠球

大腿颠球是足球运动中的基本技术之一，它可以帮助球员提高控球能力和平衡能力。

放松身体，眼睛直视足球，大腿向上抬起成水平，用大腿前部触球底部。控制重心不要后仰。双腿交替进行（图4-3）。

1. 技术要点

（1）双脚分开与肩同宽，身体保持平衡。

（2）双手放在身体两侧，用手臂保持平衡。

（3）抬起一条腿，用大腿前部触球。

（4）用大腿前侧将球颠起，保持平衡。

（5）颠球时，双眼注视球，保持头部稳定。

图　4-3

大腿颠球

2. 易犯错误

（1）抬腿不够高，导致球无法颠起。

（2）大腿颠球不够准确，导致球落地。

（3）身体不够平衡，导致颠球失败。

3. 纠正方法

（1）练习抬腿高度，可以通过练习跳跃来提高抬腿高度。

（2）练习大腿颠球的准确性，可以通过练习单脚颠球来提高。

（3）练习身体平衡，可以通过练习单脚站立来提高。

4.5.3　脚内侧停球

脚内侧停球是足球运动中的基本技术之一，它可以帮助球员掌握球的控制和传递。

立足脚脚尖面向停球方向，停球腿大腿外展，脚内侧呈水平姿态。用脚内侧中部与足球接触，膝关节微屈（图4-4）。

图　4-4

脚内侧停球

1. 技术要点

（1）双脚分开与肩同宽，身体保持平衡。

（2）双手放在身体两侧，用手臂保持平衡。

（3）看准球的落点，用脚内侧将球停下。

（4）停球时，脚部要用力，以便更好地控制球。

（5）停球后，立即做好下一步动作的准备。

2. 易犯错误

（1）停球时脚部用力不够稳定，导致球无法停稳。

（2）看球不准确，导致停球失败。

（3）停球后没有立即做好下一步动作的准备。

3. 纠正方法

（1）练习脚部用力，可以通过练习踢墙反弹球来提高脚部力量。

（2）练习看球的准确性，可以通过练习接受不同高度和速度的球来提高。

（3）练习做好下一步动作的准备，可以通过练习快速传球或射门来提高。

以上三种技术作为重要的足球基本功（停、传、控、运、颠）是不可或缺的。基本功是足球运动员的必备技能。良好的基本功既有助于运动员处理各类足球考试，也有助于更好地参与到足球比赛中。

4.5.4 脚背外侧运球

脚背外侧运球是足球比赛中常用的技术之一，也是比赛环节中重要的组成部分。

触球脚脚尖指地，向内旋转45°，踝关节紧张。接触球中间位置，一步一运球。支撑脚落于球后一侧，膝关节适当弯曲，一步一跟（图4-5）。

图　4-5

脚背外侧运球

1. 技术要点

（1）保证脚背外侧触球时的稳定性。

（2）通过改变外侧脚推送的力量，控制足球的速度和滚动的距离。

（3）注意运球时要抬头观察，找到最佳的运球路线。

2. 易犯错误

（1）不够灵活，脚步不畅，导致脚球失控。

（2）在运动中抬头或俯视，均会影响视线，导致球路判断不准。

（3）控球不精，力量不足或过大，致使球路失控。

（4）频率不够，运球没有速度。

3. 纠正方法

（1）多加练习，提高技巧，加强脚腕的力量和反应力。

（2）练习时注意低头观察足球，并且不时抬头观察场上情况。

（3）增加触球频率，提高足球的速度和方向控制。

4.5.5　脚内侧运球

脚内侧运球是足球比赛中一项基本的足球技能，在比赛中经常采用脚内侧运球。

触球脚自然抬起，向外旋转 90°，用脚内侧中心位置触球。支撑脚膝关节微屈，保持重心稳定，落于球一侧球后位置，触球后快速跟上足球（图 4-6）。

图　4-6

脚内侧运球

1. 技术要点

（1）保持球和脚内侧紧密贴合，用脚内侧控制住球。

（2）另一只脚用于辅助平衡和控制移动方向，身体保持平稳。

（3）脚触球时不要上下晃动，保持稳定。

2. 易犯错误

（1）触球位置不对，球脱出脚而失控。

（2）对球分配不平衡，球不能平稳运动，容

易走歪。

（3）盯着球看，没有注视球的移动方向，容易被防守队员抢断球。

3. 纠正方法

（1）足部发力时，支撑脚要稳固。

（2）适当调整身体倾斜度。

（3）注视前方，预判好球的运动方向。

4.5.6　脚底运球

脚底运球是足球比赛中一项常见的足球技术，可以提高球员的足球控制技术和处理球的能力。

触球脚自然拿起，向外旋转 90°，用脚底中前位置触足球上部。支撑脚膝关节微屈，保持重心稳定，脚尖朝向运球方向，落于球一侧球后位置，触球后快速跟上足球（图 4-7）。

图　4-7

脚底运球

1. 技术要点

（1）用足底中心部位控制足球。在起脚时，先将足球压在地面上，然后用足底的中前部位去控制足球；支撑脚脚尖朝向运球方向，落于球后位置，两脚交替运球。

（2）练习时，身体保持直立，双脚步频一致，运球时受重分布均匀。

（3）必须维持速度和控制之间的平衡。

2. 易犯错误

（1）足球离脚太远，导致控制失误。

（2）效果不理想时，太用力，导致失误。

（3）只用一只脚来运球，而不是双脚交替进行。

3. 纠正方法

（1）跟随足球以调整脚部位置。

（2）控制力量，避免踢得太高、太远。

（3）练习交替运球，增加运球的难度，以增强运球技巧。

4.5.7　脚内侧扣球

脚内侧扣球是足球比赛中常用的控球技术之一，也是比赛中重要的组成部分。

运用脚内侧挡住正在向前运行中的足球。重心充分下降，膝关节弯曲，两脚的位置不宜过远或过近。接触球的瞬间身体同时 180° 旋转，注意保持平衡及与下一个动作进行连接（图 4-8、图 4-9）。

图　4-8

图　4-9

脚内侧扣球

1. 技术要点

（1）扣球时触球脚要包裹住足球。

（2）扣球时注意双腿之间的距离，要适当保持重心稳定。

（3）不要将球"扣死"，要保证球是活动的状态。

2. 易犯错误

（1）接球时触球面积过小，没有足够的接触点。

（2）扣球时足球失去平衡，或者扣球不够准确。

（3）扣球后没有做好立即做下一步动作的准备。

（4）扣球时身体没有旋转 180°。

3. 纠正方法

（1）练习时，注意掌握扣球的接触区域。

（2）重心下降，手臂打开，保持身体平衡。

（3）扣球后，立刻继续下一个动作，让时间最小化。

（4）最后一步触球后，立足脚先做 180° 旋转。

4.5.8　克鲁伊夫转身技术

克鲁伊夫转身技术是足球比赛中常见的足球技术之一，采用该技术可以迅速改变足球方向，从而摆脱防守球员。

运用脚内侧挡住正在向前运行中的足球。立足脚脚尖朝外，平行站在球的外侧，触球时双腿之间让出空间，让球从双腿之间通过。触球后快速转身从而完成快速变换方向。重心下降，膝关节弯曲，两脚的位置不宜过远或过近（图 4-10、图 4-11）。

图　4-10

图　4-11

克鲁伊夫转身技术

1. 技术要点

（1）扣球时触球脚要包裹住足球。

（2）扣球时注意双腿之间的距离，要适当保持重心稳定。

（3）不要将球"扣死"，要保证球是活动的状态。

2. 易犯错误

（1）转身不充分，指向错位，导致足球控制失误。

（2）转身的速度不够快，失去快速变向的主动性。

（3）缺乏技术细节，容易将运行中的球停留在原地。

3. 纠正方法

（1）充分利用双手和身体维持平衡，找到适当的体位，改变重心，以帮助成功地完成技术动作。

（2）适应快速转向的需要，提前预判，及时抬起脚，使球能够准确地移动。

（3）提前预判实施技术动作的位置，步法早做准备。这样可以更有效地控制球的方向。

4.5.9 脚底踩球转身技术

脚底踩球转身技术是足球比赛中常用的转身技术之一，能够让球员在空间较小的范围内更加自如地控制球，同时也可以为球员提供更好地掌握进攻机会的能力。

立足脚位于足球一侧，触球脚用脚底前半部分接触球上部，停球瞬间完成180°转身并与下一个动作衔接。双腿微屈，保证重心稳定（图4-12、图4-13）。

图 4-12

图 4-13

脚底踩球转身技术

1. 技术要点

（1）首先将运行中的足球控制在身前，并用脚底前半部分踩住足球。

（2）使足球保持在脚底之下，用脚底轻柔地向回拉球转身。

（3）同时将身体重心转移到新的方向上，做出转身动作。

2. 易犯错误

（1）控制不好足球，导致足球失控。

（2）技巧不够细腻，转身效果差。

（3）没有足够的力量来控制步法，影响转身效果。

3. 纠正方法

（1）该技术需要平稳的脚感，初学时可以将脚底与足球保持更长时间的接触并提高力度，从而更好地掌控足球。

（2）通过多次的重复训练，调整身体姿态，找出合适的动作，将转身动作的节奏调整到最佳状态。克服自己在练习过程中常见的错误和失误，以及适应各种足球场地和环境，才能获得最好的效果。

4.5.10　脚背外侧扣球转身技术

脚背外侧扣球转身技术是足球比赛中的基本技术之一，它可以帮助球员快速改变方向，在比赛中具有很高的实用性。

用脚背外侧挡住正在向前运行中的足球。重心下降，膝关节弯曲，两脚的距离不宜过远或过近。立足脚位于球后侧，触球脚大腿外展，用脚背外侧接触足球，接触球的瞬间身体同时旋转180°，注意保持平衡并与下一个动作进行连接（图4-14）。

图　4-14

脚背外侧扣球转身技术

1. 技术要点

（1）掌握好球的速度和路线，可以更好地掌握扣球的力度和方向。

（2）在停球的同时，尽量保持低重心，以更好地控制身体。

（3）扣球的时候需要迅速侧向移动，同时保持坚实的立足点，才能更好地掌控球的时间和方向。

（4）转身时注意保持身体平衡，迅速用另一只脚继续控制球，及时变换方向。

2. 易犯错误

（1）停球时不稳定，导致扣球失败，影响转身的效果。

（2）扣球的姿势不正确，会影响触球时身体位置的调整。

（3）转身时重心分布不均，容易导致身体失衡，无法快速调整位置。

（4）转身完成之后因步法和姿态不正确，导致身体失去平衡。

3. 纠正方法

（1）在练习扣球时，要经常检查自己的身体平衡状态，尤其是在停球时。

（2）通过练习，可以熟悉正确的扣球姿势，并配合身体位置的调整。

（3）合理控制身体重心的调整，确保转身时身体稳定。

（4）通过反复训练，良好的步法和姿态可以逐渐形成肌肉记忆，从而帮助运动员在比赛中更自如地操作。

4.5.11 脚背正面射门技术

脚背正面射门技术是足球比赛中的重要进攻技术之一，其技术要点和锻炼方法对于足球运动员来说都是至关重要的。

正后方助跑，立足脚脚尖朝前位于球侧，触球脚大腿后摆，大腿带动小腿击球，用脚背中心位置与球接触（图 4-15、图 4-16）。

图 4-15

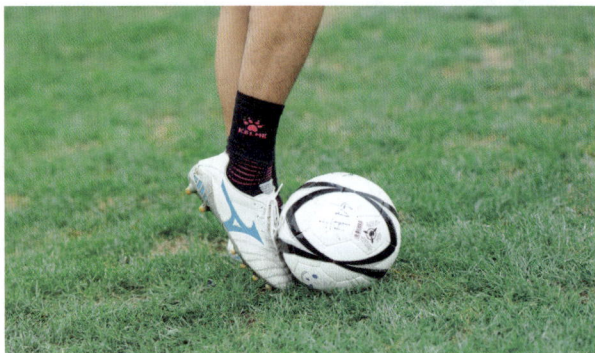

图 4-16

脚背正面射门技术

1. 技术要点

（1）正确站位。站位需要稳定并保持平衡，双脚平均分配重心。

（2）选择好位置。在比赛中选择射门位置时，应根据实际情况，尽可能选取角度较佳的位置进行射门。

（3）好的触球方式。射门时应把腿抬起一定高度，触球时需要把脚背微微倾斜，击打球面时需要锁住脚踝。

（4）注视守门员。在射门之前，应该仔细观察守门员的站位和动作，判断最佳射门点，寻找守门员的缺陷，并利用这些缺陷创造得分的机会。

2. 易犯错误

（1）射门时踝关节过松。踝关节过松的射门会导致球控制力不足或者失误。

（2）着力点有误。立足脚站立时没有支撑好，重心不稳容易失误。

（3）射门绵软无力，用不上腰腹力量。

3. 纠正方法

（1）需要注意踝关节力度的把握。

（2）选择正确的立足脚站立位置，可以更好地踢出射门球。

（3）在射门中腰腹力量至关重要，尽量打开身体，加大幅度，身体不要蜷缩在一起。

4.5.12 脚背内侧射门技术

脚背内侧射门是指运动员用脚背内侧的组合来完成射门动作。这种射门方式可以使球的速度和弧线更加稳定，从而提高射门的准确性和效果。

侧后方助跑，立足脚脚尖朝前位于球侧，触球脚外展 30°～40°，大腿带动小腿击球，用脚背内侧中心位置与球接触。射门后身体自然向前（图 4-17、图 4-18）。

图　4-17

图　4-18

脚背内侧射门技术

1. 技术要点

（1）站稳身体，双脚分开与肩同宽，身体重心向前。

（2）用脚背和脚内侧的组合来完成射门动作，脚背用力，脚弓放松。

（3）射门时，脚背内侧与球的接触点要在球的后部正中央，同时脚也要跟随球的运动轨迹。

（4）射门时，身体要向前倾斜，同时手臂要向后摆动，以增加射门的力量和速度。

2. 易犯错误

（1）脚背用力过大，导致球的速度过快，无法控制球的弧线和落点。

（2）脚弓用力不足，导致球的速度过慢，容易被对方守门员扑出。

（3）身体重心不稳，导致射门时姿势不正确，影响射门的准确性和效果。

3. 纠正方法

（1）在训练中，要注意控制脚背和脚弓的用力程度，以达到最佳的射门效果。

（2）在训练中，要注意身体的平衡和稳定性，尽量保持正确的姿势和动作。

（3）在训练中，要注意手臂的运动，以增加射门的力量和速度。

4.5.13　完整技术展示

完整技术展示

以上足球基本技术，涵盖了在足球比赛或考试中可选择的技术方式。组合方式可因个人情况不同而自由组合，在组合过后要注意加强不同技术的衔接能力，才能在比赛中发挥更好的水平。

4.6 足球项目课后练习与训练计划制订

4.6.1 颠球课后练习

（1）基本颠球练习（15～20分钟）。

（2）不同部位颠球练习（15～20分钟）。

（3）移动颠球练习（10～15分钟）。

（4）多人颠球练习（10～15分钟）。

4.6.2 颠球训练计划制订

个人训练时间和计划应根据自身的情况和需求进行调整。对于初学者，每周2～3次的颠球训练已经足够，而对于有经验的球员，每周4～5次的训练可能更合适。坚持持续的训练和逐渐增加难度是提高颠球技术的关键。

4.6.3 脚内侧停球课后练习

（1）热身和拉伸练习（10～15分钟）。

（2）基本脚内侧停球练习（15～20分钟）。练习基本的脚内侧停球技术，如在静止状态下接住传球并用脚内侧控制球。重点放在准确性和控制力上。

（3）移动中的脚内侧停球练习（15～20分钟）。在移动中接住传球并用脚内侧停球控制球。练习不仅需要准确掌握球的控制，还需要练习适应球的速度和方向。

（4）脚内侧停球和转身练习（15～20分钟）。练习接住传球后利用内侧停球控制球并完成转身动作，如用脚内侧停球后转身向另一侧移动。这个练习将帮助球员提高在比赛中的应用能力。

（5）实战和应用（15～20分钟）。将脚内侧停球技术应用到实际的足球比赛情境中，如进行小组对抗、练习过人等，以模拟比赛中的压力和多变环境。

（6）放松和拉伸（5～10分钟）。

4.6.4 脚内侧停球训练计划制订

训练时间的分配应根据个人的需求和时间安排进行调整。要持续进行训练，逐渐增加难度，并与其他训练方法结合，以提高技术水平。脚内侧停球练习每周进行4～5次训练，每次训练时间不少于30分钟。

4.6.5 运球课后练习

（1）热身和拉伸练习（10-15分钟）。

（2）基础运球练习（15～20分钟）。练习基本的运球技术，如在固定区域内进行直线运球和变向运球。重点放在掌握球的控制和平衡上。

（3）运球技巧练习（15～20分钟）。练习不同的运球技巧，如内外侧运球、V字运球、拉球等。通过练习这些技巧，提高控球的灵活性和应用能力。

（4）运球与过人练习（15～20分钟）。结合过人动作，如进行一对一的练习，运球时尝试突破防守球员。这将帮助提高运球和突破能力。

（5）实战和应用（15～20分钟）。将运球技术应用到实际的足球比赛情境中，如进行小组对抗、练习射门等，以模拟比赛中的压力和多变的环境。

（6）放松和拉伸（5～10分钟）。

4.6.6 运球训练计划制订

训练时间的分配应根据个人的需求和时间安排进行调整。要持续进行训练，逐渐增加难度，并与其他训练方法结合，以提高技术水平。运球练习每周 4~5 次，每次不少于 30 分钟。

4.6.7　脚内侧扣球课后练习

（1）热身和拉伸练习（10~15 分钟）。

（2）基本脚内侧扣球练习（15~20 分钟）。练习基本的脚内侧扣球技术，如在静止状态下接住传球并用脚内侧扣球。重点放在准确掌握球的控制和扣球动作上。

（3）运动中的脚内侧扣球练习（15~20 分钟）。在移动中接住传球并用脚内侧进行扣球控制。练习不仅需要准确地控制球的运动，还需要练习适应球的速度和方向变化。

（4）脚内侧扣球与过人练习（15~20 分钟）。结合过人动作，如进行一对一的练习，运用脚内侧扣球突破防守球员。这将帮助提高扣球和突破能力。

（5）实战和应用（15~20 分钟）。将脚内侧扣球技术应用到实际的足球比赛情境中，如进行小组对抗、练习射门等，以模拟比赛中的压力和多变的环境。

（6）放松和拉伸（5~10 分钟）。

4.6.8　克鲁伊夫转身课后练习

（1）热身和拉伸练习（10~15 分钟）。

（2）克鲁伊夫转身基本动作练习（15~20 分钟）。练习克鲁伊夫转身的基本动作，如利用内侧和外侧脚掌进行转身，并通过调整身体的方向来控制球的运动。重点放在准确掌握转身动作和控球能力上。

（3）运动中的克鲁伊夫转身练习（15~20 分钟）。在移动中接住传球并运用克鲁伊夫转身技术，如与队友或训练伙伴进行对练，模拟实际比赛中的防守情况。练习不仅需要准确地控制转身动作，还需要适应速度和方向的变化。

（4）克鲁伊夫转身加速和过人练习（15~20 分钟）。在运用克鲁伊夫转身的同时，结合加速和过人动作，如进行一对一的练习，利用克鲁伊夫转身突破防守球员。这将有助于提高转身和突破能力。

（5）实战和应用（15~20 分钟）。将克鲁伊夫转身技术应用到实际的足球比赛情境中，如进行小组对抗、练习射门等，以模拟比赛中的压力和多变的环境。

（6）放松和拉伸（5~10 分钟）。

4.6.9　脚背外侧扣球课后练习

（1）热身和拉伸练习（10~15 分钟）。

（2）基本脚背外侧扣球练习（15~20 分钟）。练习基本的脚背外侧扣球技术，如在静止状态下接住传球并用脚背外侧控制球。重点放在准确掌握球的控制和扣球动作上。

（3）运动中的脚背外侧扣球练习（15~20 分钟）。在移动中接住传球并用脚背外侧进行扣球控制。练习不仅需要准确地控制球的运动，还需要适应球的速度和方向变化。

（4）脚背外侧扣球与过人练习（15~20 分钟）。结合过人动作，如进行一对一练习，运用脚背外侧扣球突破防守球员。这将帮助提高扣球和突破能力。

（5）实战和应用（15~20 分钟）。将脚背外侧扣球技术应用到实际的足球比赛情境中，如进行小组对抗、练习射门等，以模拟比赛中的压力和多变的环境。

（6）放松和拉伸（5~10 分钟）。

4.6.10 扣球训练计划制订

以上扣球练习应在训练中组合使用，并熟练掌握。每次个人扣球练习应不少于 40 分钟，每周进行 3~5 次扣球训练。

4.6.11 脚背正面射门课后练习

（1）热身和拉伸练习（10~15 分钟）。

（2）脚背正面射门基本动作练习（15~20分钟）。练习脚背正面射门的基本动作，如准确掌握射门姿势、射门力量的控制和踢球脚部位的正确使用。

（3）运动中的脚背正面射门练习（15~20分钟）。在移动中接住传球并进行脚背正面射门训练，如从不同的角度和距离射门，模拟实际比赛中的射门情况。

（4）射门技术应用练习（15~20 分钟）。模拟比赛情境，进行射门技术的实际应用练习，如在对抗队友或防守球员的情况下进行射门，以提高射门准确性和判断能力。

（5）射门力量和精度练习（15~20 分钟）。针对射门的力量和精度进行特定的训练，如进行短距离和长距离的射门练习，调整力量和角度，以提高射门的效果。

（6）实战和应用（15~20 分钟）。将脚背正面射门技术应用到实际的足球比赛情境中，如进行小组对抗、练习射门等，以模拟比赛中的压力和多变的环境。

（7）放松和拉伸（5~10 分钟）。

4.6.12 脚背内侧射门课后练习

（1）热身和拉伸练习（10~15 分钟）。

（2）脚内侧射门基本动作练习（15~20分钟）。练习脚内侧射门的基本动作，如准确掌握射门姿势、射门力量的控制和踢球脚部位的正确使用。

（3）运动中的脚内侧射门练习（15~20分钟）。在移动中接住传球并进行脚内侧射门的训练，如从不同的角度和距离射门，模拟实际比赛中的射门情况。

（4）射门技术应用练习（15~20 分钟）。模拟比赛情境，进行射门技术的实际应用练习，如在对抗队友或防守球员的情况下进行射门，以提高射门准确性和判断能力。

（5）射门力量和精度练习（15~20 分钟）。针对射门的力量和精度进行特定的训练，如进行短距离和长距离的射门练习，调整力量和角度，以提高射门的效果。

（6）实战和应用（15~20 分钟）。将脚内侧射门技术应用到实际的足球比赛情境中，如进行小组对抗、练习射门等，以模拟比赛中的压力和多变的环境。

（7）放松和拉伸（5~10 分钟）。

4.6.13 射门训练计划制订

以上射门练习应在训练中组合使用，并熟练掌握。每次个人射门练习应不少于 30 分钟，在30 分钟的时间里，射门次数应不少于 100 次。每周应进行 3 次射门训练。

4.6.14 步法训练

利用绳梯加强步法训练，快速地掌握步法与协调性是足球项目的重要组成部分。

（1）快速脚步。将绳梯水平放在地面上，双脚快速踩踏绳梯的每个横杆，模拟快速奔跑的动作。这个练习可以提高足球运动员的脚步灵活性和速度。

（2）侧步练习。将绳梯水平放在地面上，侧身站立，双脚交替侧步穿过绳梯的每个横杆。这个练习可以提高足球运动员的侧身移动能力和敏捷性。

（3）单脚高抬练习。将绳梯水平放在地面上，用一只脚快速跨过绳梯的每个方格，保持节奏均匀，练习平衡和脚步控制。

（4）交叉步练习。在绳梯上进行交叉步练习，将一只脚交叉于另一只脚前面或后面，快速跨过绳梯。

（5）蛇形练习。将绳梯弯曲成蛇形，在每个"蛇坑"中快速跨过，模拟实际比赛中需要侧身快速移动的情况。

4.6.15　体能与力量训练

体能训练是足球项目的基础所在。良好的有氧、混氧、无氧能力可以帮助运动员在比赛中有更好的心肺能力。出色的身体力量可以在比赛中有更好的对抗与控制能力。以下几种体能与力量训练项目，每次可选择 2～3 项，有机结合。

（1）长距离中速跑（提高有氧能力），有氧跑 3000 米，每周 1 次。

（2）变速跑（提高混氧能力），快慢结合变速跑 4000 米，每周 1 次。

（3）5×25 米折返跑（提高无氧能力），每次 5～6 组，每周 2 次。

（4）上肢练习，如握推，快挺举，哑铃飞鸟等。根据个人身体情况选择重量，每组 8～12 个，做 5 组。

（5）下肢练习，如深蹲等。根据个人身体情况选择重量，每组 8～12 个，做 5 组。

（6）腰腹练习，如俄罗斯旋转等。每组 30 个，每天 4～5 组。

4.7　安全注意事项

4.7.1　穿戴合适的装备

穿戴合适的足球鞋、护腿板、手套等装备可以有效地保护球员的身体，减少受伤的风险。足球鞋应该合适，不要过紧或过松，以免影响脚部的灵活性和舒适度。护腿板可以保护小腿和膝盖，减少受伤的风险。手套可以保护手部，避免手部受伤。

4.7.2　热身和拉伸

在比赛或训练前，进行适当的热身和拉伸可以帮助球员的身体适应运动，减少受伤的风险。热身可以让球员身体逐渐进入运动状态，增加身体的灵活性和血液循环，预防肌肉拉伤和其他运动损伤。拉伸可以增加球员身体的柔韧性，减少肌肉疲劳和损伤。

4.7.3　注意场地和天气条件

在不同的场地和天气条件下，需要采取不同的安全措施，如在湿滑的场地上要注意防滑，避免滑倒受伤。在高温天气下，要注意补充水分，避免中暑。在寒冷天气下，要穿戴保暖的衣物，避免受冻。

4.7.4　注意身体状况

有任何身体不适或有疾病，都需要在医生的指导下进行运动，以免加重病情或受伤。如果曾经受过伤，需要在康复期间遵守医生的建议，避免再次受伤。如果感到疲劳或不适，应该停止运动，休息一段时间。

第 5 章 篮 球

5.1 篮球项目简介

篮球项目是一项非常受欢迎的体育运动，在当代青少年中已成为青春时尚和活力的象征。它以两个球队之间的对抗为特点，每个球队由 5 名球员组成，他们的目标是将球投进对方篮筐，同时阻止对方球队得分。篮球的得分规则是 3 分线以外的投篮得 3 分，3 分线踩线及以内得 2 分，罚球得 1 分。篮球比赛共分为 4 节，每节各 10 分钟，节与节之间休息 2 分钟。第 2 节和第 3 节（上下半场）之间休息 15 分钟。比赛结束，如两队比分相同时，则进行 5 分钟加时赛，若 5 分钟后比分仍相同，则再次进行 5 分钟加时赛，直至决出胜负。

5.2 篮球项目的发展

随着篮球运动的普及和发展，越来越多的人参与其中，篮球已成为最受欢迎和具有影响力的体育项目之一。篮球运动已触及世界每一角落，各国间篮球比赛越来越多，每年都有众多国际赛事，精彩纷呈，吸引了无数的篮球迷。当今，篮球精彩赛事已成为全球关注的焦点，它不仅仅是一场场比赛，还是展示球技、激情、团队精神的盛会，不仅给无数篮球迷带来了欢乐，而且是超越了国界和种族，将人心相连得更紧密的文化交流。同时，篮球运动也给经济的发展带来巨大影响和机遇。

5.3 篮球项目的特点与作用

篮球是一项备受广大群众热爱的体育项目，高水平的篮球赛事会吸引众多球迷，带给观众莫大的享受。业余爱好者在篮球场上自娱自乐，体验乐趣。篮球比赛节奏快，对抗性强，需要队员之间的快速反应、默契配合，通过不断跑位、掩护、传球，最后完成投篮。更重要的是，篮球运动体现了团队合作精神。

5.3.1 篮球项目的特点

1. 对抗强，节奏快

篮球比赛节奏快，需要参与者快速地奔跑和移动，还要有敏捷的反应能力和力量抗衡能力，这也是篮球比赛的魅力之一。

2. 集体性，观赏性

篮球比赛需要队员团结协作，只有默契配合才能打出好的进攻和防守。比赛中，运动员必须具备勇敢顽强的精神，每个队员都有自己的职责和角色，需要团结协作完成比赛。篮球比赛可以欣赏到娴熟运球、巧妙传球、机智抢断、精彩扣篮、精准投篮等。

3. 技术性，健身性

篮球比赛需要球员具备传球、投篮、控球、突破等技术。篮球运动既可以强身健体，还能提升球员的自信心与意志品质。

4. 全面性，身体性

篮球运动需要球员手、足、眼、耳和心灵的配合。同时，运球、投篮、传球、防守和篮板球等篮球技术也需要队员熟练掌握。另外，篮球运动需要球员具备灵敏度高、速度快、力量强、柔韧性强和耐力强等身体素质。身体素质好的球员能更好完成各种进攻和防守动作。

5. 战术性，多变性

篮球是一项战术性很强的运动，它不仅需要球员拥有良好的个人技术水平，还需要熟练掌握各种战术能力，更应具备对战术的应变能力。

5.3.2 篮球项目的作用

1. 促进身体素质发展

篮球项目是一项有效提高身体素质的运动，它可以培养人的协调性和平衡性，增强人的肌肉力量，提高人的运动能力和爆发力，促进人的身体素质全面发展。

2. 满足不同需求

篮球运动的活动形式多样，具有很强的参与性、趣味性、竞技性和娱乐性，能满足不同人群的多种需求。活动形式因人而异，运动量随意调节，不同的参与者都能在场上找到展示自我的方式。

3. 培养公平竞争的意识和团队精神

篮球规则的制定不仅仅是为了比赛的进行，更是为了保证参赛者之间的公平竞争和相互尊重，让每位球员都拥有竞争的机会。篮球运动需要每位队员相互配合、相互扶持，有利于培养团队协作精神。

4. 培养自信心和勇气

篮球比赛很多情况下需要"搏杀"，不管是获胜还是失败，都能激发和培养球员的自信和勇气，促进他们积极进取，不畏困难、不怕失败。

5. 促进社会交流和文化交流

篮球运动能够促进个体之间的社会交流和文化交流，增加人与人之间的了解和增进友谊，对于社会的发展和进步非常重要。通过观看和参与不同的比赛，人们还可以了解不同国家和地区的篮球文化。

6. 促进社会和谐发展

在篮球比赛中，人人都要遵守规则、尊重他人，还要通过团队的合作与拼搏精神来获得胜利。它传达了积极向上的正能量，可以促进社会的和谐与稳定。

总之，篮球项目在体育领域和社会生活中有着广泛的影响和重要作用。应该鼓励更多的青少年参与到篮球运动中，享受其中的乐趣和增进健康。

5.4　篮球项目对青少年的训练和教育意义

篮球项目不仅仅是一项广受欢迎的体育竞技活动，更是一项对青少年个性发展产生积极影响的重要运动。无论在身体素质、心理健康方面，还是在社交能力、思想道德方面，都能够为青少年提供一个全面发展的平台。

5.4.1　篮球项目对青少年的训练意义

1.增强身体素质

篮球项目对青少年身体素质的全面发展有着显著而积极的影响。篮球是一项需要全身协调运动的项目，通过不断练习和比赛，青少年身体素质能得到全面提升，他们的耐力、速度、灵敏度、力量等素质都将得到锻炼和提高。不断地奔跑、跳跃和变化方向，能有效锻炼他们的肌肉和骨骼，增强他们的身体素质。

2.提高心肺功能

篮球项目是有氧运动，可以提高心肺功能，加速血液循环，增强身体免疫功能，同时还可以帮助身体消除疲劳和紧张情绪，缓解压力，促进身心健康。

3.促进心理健康

篮球项目对青少年的心理健康有着积极的影响。篮球是一项需要集中注意力和勤于思考的运动项目，比赛中要面对各种突发情况，这就要求运动员具备较强的思维能力和决策能力。并培养出沉着冷静的心态和应对压力的能力，更好地掌控自我情绪，增强自信心，敢于面对挑战和困难。

4.培养勤奋执着的精神

篮球的动作看似简单，但要在比赛中运用好，打出好球，不经历足够的训练磨砺是不行的。每个动作都需要不断练习，日复一日。所以要有勤奋、执着的精神和坚持不懈的努力。

5.培养发掘后备人才

篮球是一项备受关注的运动，广大青少年积极参与其中，可为国家提供更多的篮球人才，能够积极促进我国篮球运动的发展。

5.4.2　篮球项目对青少年的教育意义

1.促进个性发展

练习篮球能使青少年的自信心、进取心、意志力、自我约束力等方面得到良好的发展，并能培养遵纪守法、团结拼搏、文明自律、尊重他人等良好道德品质和集体主义精神。

2.永不放弃的精神

在篮球训练和比赛中，经常会出现失败和挫折，经历困境是锤炼永不放弃品质的最好时机。青少年需要敢于面对失败，要振作精神，找到失败的原因并寻找解决的办法，从而不断提高自己。

3.培养责任感

篮球是一项集体运动，强调合作精神，每一位队员都要相互理解和信任，要有责任感，爱护自己的球队，勇于担当。尤其是队长和核心球员更要在场上发挥领导的作用。

4.培养拼搏精神

无论是训练还是比赛，每位篮球运动员都应该全身心地投入其中，不怕困难，勇于拼搏，发挥出自己的最好水平。

5.自我约束能力

球员要有自我约束的能力，遵守比赛规则，不进行违规操作，不做出不当言行。只有在规则的范围内进行比赛，才能够展现出正面的篮球精神。

6. 提升人际关系

篮球项目的显著特点是运动中人与人之间既有竞争又有合作，需要结合心理健康教育来协调运动员之间的关系，使运动员之间建立良好的合作关系。

7. 培养解决问题能力

在篮球场上，每个球员都会遇到各种问题，如对手的防守、队友的失误等。球员可以通过思考和调整策略来解决问题，这种能力在学习和未来的生活中都非常有用。

篮球项目能全面提高青少年的身体素质，培养了他们不怕吃苦、顽强拼搏的精神。在篮球训练中，他们能更好地理解团队合作的重要性，学会互相支持、互相帮助。篮球项目具有很好的教育功能和教育价值，对青少年个性发展有着积极的影响，可以提高他们的心理健康水平，同时还能培养良好的社交能力。正确的篮球价值观不仅支配和制约青少年在篮球比赛中的各种行为，而且影响他们的全面健康成长。在比赛中，尊重教练及队友，做到彼此信任；尊重裁判及观众，做到服从裁判，遵守规则，感恩球迷；尊重对手，没有对手就没有比赛；尊重自己，相信自己。我们要鼓励青少年参与篮球运动，享受篮球带来的快乐，同时这也是进行思政教育的重要途径。

5.5 篮球基本技术

篮球基本技术包括停、起、转、跨、跳、封、堵、截、盖、抢、投、运、突、切等诸多内容。

5.5.1 基本姿势（三威胁）

持球三威胁姿势是球员在比赛场上基本姿势之一，这种姿势既保持身体平衡和应变性，又可迅速协调移动，并完成投篮、突破、传球（图 5-1）。

图 5-1

基本姿势（三威胁）

1. 技术要点

（1）屈膝降重心，双脚比肩略宽，抬头平视。

（2）上体微前倾，双脚前后站立，保持平衡。

（3）球置于体侧。

2. 易犯错误

（1）准备不足，重心过高。

（2）上体过于前倾。

（3）中枢脚提前移动。

（4）持球位置不对（应持球在强侧）。

3.纠正方法

（1）多看正确技术示范。

（2）对着镜子多做练习。

（3）在练习中多体会动作要领。

总之，要重视基本姿势技术练习，要认识到这是最基础的技术环节，也是比赛实战最重要的环节，把进攻准备姿势贯穿于教学、训练、比赛的全过程，并使动作规范、准确、定型、运用自如。

5.5.2　脚步移动

脚步移动是改变位置、速度、方向的专门技术动作，是比赛场上运用最多、最普遍的身体技术动作环节，脚步移动是进攻与防守技术的基础。而变速跑、变向跑、急停和急转跑是球员在场上脚步移动技术环节的重要内容。

脚步移动

1.脚步移动技术要点

（1）步法技术基本要点：保持重心平衡，有利于脚步快速移动；敏捷的观察力、思考力、判断力、决策力是脚步快速移动的动力和加速器。

（2）变速跑技术要点：加速时步频要快，起动时蹬地要有力；减速时重心要低，步幅要大。

（3）变向跑技术要点：变向突然，起速要快；腰腹、腿、胯转向有力、协调。

（4）急停急转跑技术要点：重心降低，蹬转有力，重心平稳。

2.易犯错误

（1）重心不稳，不利于脚步快速移动。

（2）力量不足，转身蹬地力度不够，影响移动速度。

3.纠正方法

（1）讲解和强调屈膝、降重心、蹬地力量、转身起动等技术环节对移动速度的重要性。

（2）加强下肢力量练习。

（3）加强协调性练习。

进行脚步移动训练时，一定要把脚步移动的敏捷性、快速性、突然性和爆发力作为重点内容，不断反复强化训练。

5.5.3　运球

运球技术作为持球队员在比赛中移动的手段，不但是个人突破对手进行得分的方法，还是团队组织进攻的桥梁。比赛中运球在创造合理的传球角度，为同伴创造投篮机会，发动快攻，破坏对方紧逼防守等方面均具有重要性。高低运球是比赛中运用比较广泛的技术，常用于快攻运球推进，是一种实用性很强的技术。其他还有运球急起急停技术、体前变向运球、背后运球、转身运球、胯下运球等。

保持屈膝，抬头平视，手指张开，掌心空出，用指根以上部位接触球。通过简单的动作练习（如拍球、抛球、滚球等）来提高对球的感知。

运球

1.运球技术要点

（1）高低运球技术要点：高运球推按球要有

力，手脚配合协调（图5-2）；低运球重心要低，球控制在膝关节以下，目视前方（图5-3）。

图　5-2

图　5-3

（2）运球急起急停技术要点：控制身体重心；速度变换时，手脚和身体要协调配合；急停时，球位于体侧，急起时，球位于侧前方。

（3）行进间体前变向运球技术要点：运球手按拍球快速变换运球方向；转体，探肩护球，换手加速。

（4）背后运球技术要点：球由右前侧经身后控制在身体的左侧前方；手脚配合协调。

（5）转身运球技术要点：重心下降，快速平稳，提拉球转身要快；脚步动作协调一致。

（6）胯下运球技术要点：球的落点在双腿之间；变向后另一只手快速迎球（图5-4）。

图　5-4

2. 易犯错误

（1）运球时弯腰，不屈膝，掌心触球。

（2）运球时低头看球。

（3）运球时球离身体太远，失误多。

（4）运球快速变向时有翻腕动作。

3. 纠正方法

（1）建立正确的动作表象，重视反复多次的熟练过程，用心体会动作要领。

（2）先原地练习，逐步增加运球难度，然后过渡到快速运球阶段。

（3）讲解、示范正确技术要领，如让球员不再看球，可用转移球员视线的方法或让球员闭眼运球，加强球性练习，提高控球能力。

（4）要强调身体和辅助手对球的保护作用，

可增加防守情况下练习保护球，使球员明白为什么要保护球、如何保护球。

总之，在运球技术练习时，先从原地运球和不同形式的熟悉球性练习开始，通过原地变换方向和球的高度，然后进行行进间高低运球练习，最后进行急停急转变速变向运球练习。在练习中应根据队员水平逐步增加运球的练习难度，先从无防守到消极防守，再过渡到积极防守，逐步提高运球的熟练程度。

5.5.4 传接球

传接球技术是进攻队员间有目的转移球的方法，是队员间的相互联系和组织配合的纽带，传球技术的好坏直接决定着团队配合的质量。

传球时手臂要保持"跟随"动作，脚下发力，重心平稳，要快速、隐蔽、到位、及时。接球时，迎球准、接球快、护球牢，目视来球方向。注意观察，主动迎球，学会沟通，包括眼神和语言的沟通。

传接球

1.传接球技术要点

（1）双手胸前传球技术要点：面向传球目标，胸前持球；传球时，后脚蹬地，双臂前展，翻腕，拨球顺势传出；手臂随着球保持跟随动作（图 5-5）。

图 5-5

（2）双手胸前接球技术要点：手臂放松，迎球接球；接球后顺势缓冲，收到胸腹之间，保护好球（图 5-6）。

图 5-6

（3）双手击地传球技术要点：传球时腕力要更大，否则反弹高度不够，不利接球；传球时击地点应在离接球者三分之二处，反弹高度在同伴的腰腹之间（图5-7）。

图　5-7

（4）双手头上传球技术要点：双手持球于头上，传球时腰腹发力，双臂前挥（图5-8）。

图　5-8

（5）单手体侧传球技术要点：以右手为例，传球时经体侧向体前弧线摆动，将球传出（图5-9）。

图　5-9

（6）单手胸前传球技术要点：以右手为例，身体稍右转，左手离开球，右手通过伸臂、屈腕、拨指将球传出（图5-10）。

图　5-10

2. 易犯错误

（1）双手胸前传球时，传球手法不正确，掌心未空出。

（2）双手胸前传球时，蹬地和伸臂不协调。

（3）单臂传球时，转体不够，挥臂不足。

（4）接球时动作僵硬，缓冲能力较差。

（5）行进间传球没有提前量，落点判断不准确。

3. 纠正方法

（1）练习时要由易到难，反复模仿正确技术动作。

（2）对重点环节要强化训练，如传球蹬地与伸臂的协调性，接球时的迎球、引球和缓冲。

（3）在传接球技术训练中，应注意提高传接球前的观察力及呼应沟通能力。

传接球技术是团队配合的关键环节，在技术训练中应加大传接球技术训练的比重，重点解决接球、传球与移动脚的配合问题。在熟练的基础上，提高传接球在实战中的合理运用能力。

5.5.5　投篮

在篮球比赛中任何技战术的运用，都是为了创造更多的投篮机会，力争获得更多的得分。因此，投篮技术是篮球项目中最重要的技术环节。

原地投篮时应保持"三威胁"姿势，保持身体平衡和稳定，上下肢协调配合。

投篮

1. 投篮技术要点

（1）原地双手胸前投篮技术要点：双手胸前持球，协调用力；屈膝，蹬地，展体，伸臂翻腕，拨指投出（图5-11）。

图　5-11

（2）原地单手肩上投篮技术要点：投篮时蹬地，伸臂，屈腕，拨指；全身协调用力，动作连贯，左右手平衡发力（图5-12）。

图　5-12

（3）跳投技术要点：垂直起跳，蹬地有力，最高点投出；起跳充分，动作连贯，协调。

（4）三步上篮（低手、高手）技术要点：高手上篮起跳时，手持球于头侧，伸臂压腕拨指；低手上篮起跳时，手托球于胸前，伸臂挑腕拨指；脚步要做到一步大、二步小、三步起跳同时出手，迈一步二步时，球收于胸前；起跳点准确，上篮打板点准确（图5-13、图5-14）。

图　5-13

图　5-14

2. 易犯错误

（1）持球手法不正确。

（2）投篮力量控制不好，弧线忽大忽小。

（3）投篮身体重心不稳，上下肢用力不协调。

（4）上篮起跳点过早或过晚，打板点不准确。

（5）上篮时出现走步。

3. 纠正方法

（1）强调正确投篮手法，多讲解、多示范、多练习。

（2）多做无球徒手练习，强化技术要领。

（3）多体会用力和手指拨球的感觉，注重下肢蹬地和上肢伸臂力量的协调发力。

投篮技术练习的初期，应固定手形与动作技术的要领，注重协调发力。根据掌握的情况，在原地练习中投篮距离应由近至远；后期再与移动脚步、接球、运球、突破和篮板球技术等结合起来，在攻守对抗中，体验投篮带来的乐趣。

5.5.6　抢篮板球

篮板球的争夺是获得球权的重要来源之一，也是攻守转化的重要环节，抢篮板球技术分抢前场篮板球技术和抢后场篮板球技术。

占据有利位置，把对手挡在身后，屈膝，降低身体重心；争抢时手臂和手尽量伸展，抢球后持球胸间，保护好球。

抢篮板球

1. 抢篮板球技术要点

（1）冲抢进攻篮板球技术要点：观察判断篮板球的落点，抢位冲抢；抢球反应快、下手准、狠；收球于胸前或头上，保护球能力强。

（2）顶抢防守篮板球技术要点：观察判断篮板球的落点，卡位，挡人，快速抢球；有快攻意识，有快速一传意识（图5-15）。

图　5-15

2. 易犯错误

（1）抢篮板球时不会卡位，不抢占有利位置。

（2）起跳时机不好，球的落点判断不准。

（3）不挡人，被动站位，给对手冲抢机会。

（4）空中抢球后，收球保护球慢。

3. 纠正方法

（1）讲解、示范，强调抢篮板球的重要性。

（2）要注重对球的准确判断力训练（抢位和选位练习）。

（3）要加强篮下快速移动能力（一对一攻防练习）。

（4）强化对抢篮板球顶抢和冲抢意识的培养（自抛、自抢练习）。

（5）强调抢球要快，收球要快，保护球意识要强。

在练习中，一定让球员明确抢篮板球的重要性，培养球员"每球必争""每球必抢"的意识。抢篮板球技术应与二次进攻、发动快攻、一传等结合起来，提高技术间的衔接能力。要注重强化移动敏捷性等身体素质训练，为争夺篮板球打下基础。

5.5.7　防守

防守技术是一项综合的技术动作，努力提高球员个人防守能力，是全队整体防守的基础。防守技术分防守基本动作、防守移动步法、防有球和无球队员。良好的防守能力，是以良好的身体素质、积极的防守意识、顽强的拼搏精神做基础的，所以，要进行综合性训练。

保持正确防守基本姿势和手部动作，保持身体平衡。对有球人和无球人的防守，位置选择要合理、恰当，对有球队员防守要给对方制造压力，攻击性要强；对无球队员要给对方制造接球困难。

防守

1. 防守技术要点

（1）防守基本姿态技术要点：双膝微屈，降低重心；双脚间距离要宽于肩；一手在上方，一手在体侧，两手均为扬手（图5-16）。

图　5-16

（2）侧滑步技术要点：重心平稳，贴地滑步；滑步时双臂伸出，准备抢断球和压缩进攻队员空间；脚不要出现并拢情况，移动快速。

（3）后撤步滑步技术要点：重心要低，保持身体平稳；后撤步时，前掌蹬地，后撤步迅速。

（4）防守有球队员技术要点：抢占对手与球之间的位置，并处一臂防守距离；一手侧下干扰对手运球，一手扬起防止对手传球和投篮；保持好防守位置。

（5）防守无球队员技术要点：随时根据强弱侧调整防守位置，看球、看人、选位，人球兼顾；正确理解防守概念，防止对手在有利位置上接球。

（6）抢球技术要点：判断抢球时机，要有主动攻击性；接近对手，主动占据有利位置，下手抢球动作要快、准、狠。

2. 易犯错误

（1）重心过高，防守面积小。

（2）对有球防守准备不充分，攻击性不够，防守位置保持得不好。

（3）对无球防守选择位置不够合理，强弱侧调位不及时，做不到人球兼顾。

3. 纠正方法

（1）不断强化正确防守姿态与防守的概念。

（2）多观摩比赛。

（3）在技术录像分析中找问题。

要树立顽强拼搏的作风和积极主动的防守意识，记住姿势准备充分和位置选择合理两大防守技巧。加强个人防守能力，注重防守从有球到无球，从强侧到弱侧之间的相互转化训练。

5.5.8 完整技术展示

完整技术展示

5.6 篮球项目课后练习与训练计划制订

5.6.1 运球课后练习

（1）基本运球练习：高运球练习（15~20分钟），低运球练习（15~20分钟）。

（2）抗干扰运球练习（10~15分钟）。

（3）一对一攻防运球（10~15分钟）。

5.6.2 运球训练计划制订

个人训练时间和计划应根据自身的情况和需求进行灵活调整。对于初学者，每周要进行2~3次的运球训练。在练习基础内容的同时，逐步增加训练难度，训练节奏要有变化。技术动作运用的熟练性，来自千锤百炼，技术动作的形成，来自反复练习。

5.6.3 投篮课后练习

（1）碰板投篮练习（命中10次）。

（2）勾手投篮练习（命中10次）。

（3）单手肩上投篮练习（命中10次）。

（4）跳投练习（命中10次）。

（5）上篮练习（命中10次）。

5.6.4　投篮训练计划制订

要求从不同角度，不同速度下进行投篮练习，每周进行 4 ~ 5 次练习，每次练习时间不少于 30 分钟。以提高篮下球、中投球、远投球技术为主，训练要反复进行，投出手感，提高命中率。

5.6.5　原地控球课后练习

（1）体前变向运球（20 次 ×4 组）。

（2）胯下 8 字运球（20 次 ×4 组）。

（3）双手交叉接胯下反弹球（20 次 ×4 组）。

（4）单手绕单腿胯下运球（20 次 ×4 组）。

5.6.6　原地控球训练计划制订

原地控球练习对增加球感非常重要，每周应进行 3 ~ 4 次的控球练习，每次练习时间不少于 30 分钟。可反复练习一个动作，也可进行多个动作的组合练习。练习中，要保证技术要点和动作质量。

5.6.7　脚步移动课后练习

（1）快速起动，碎步跑（20 米 ×2 次）。

（2）快速起动后，快慢交替跑，即"三步快，两步慢"（20 米 ×2 次）。

（3）快速起动后，急停急起跑，分别在罚球线，中线，对面罚球线做急停动作（20 米 ×2 次）。

（4）快速起动后，急转身跑，2 次前后转身（20 米 ×2 次）。

（5）曲线变向跑练习（20 米 ×2 次）。

5.6.8　滑步移动课后练习

滑步分侧滑步、前滑步和后滑步。侧滑步是

比赛中限制对手运球、突破、移动等常用的防守脚步动作，多与前滑步、后滑步、交叉步组合运用；前滑步是比赛中限制对手投篮，运球突破等常用的脚步动作，也是位置和移动变换中常用的脚步动作；后滑步用于堵截对手的移动路线，迅速调整自己的防守位置。

（1）侧滑步（20 米 ×4 次）。

（2）前滑步（20 米 ×4 次）。

（3）后滑步（20 米 ×4 次）。

5.6.9　脚步移动训练计划制订

在篮球运动中，脚步动作是非常重要的部分，合理和适当的脚步动作可以为攻防双方提供重要支持，从而影响比赛的最终结果。脚步移动因其灵活性，可每天都做练习，时间长短可灵活掌握。快速脚步移动训练还可以使用绳梯，曲线变向跑可使用锥桶。有同伴持球进攻、突破、投篮来配合滑步练习效果会更好。

5.6.10　身体素质

篮球是一项高强度的对抗性项目，也是集耐力、力量、速度、灵敏、协调为一体的运动，专项身体素质包括耐力、速度、力量、柔韧性、灵敏性等。要想取得良好的训练效果，各项身体素质必须全面。

1. 耐力练习

（1）有氧耐力训练。长距离慢跑或中速跑（3000 米），骑自行车 30 分钟。

（2）混氧耐力训练。快慢结合的 4000 米变速跑。

（3）无氧耐力训练。25 米 ×5 次折返跑。

2. 平衡性练习

（1）原地或行进间单腿跳运球。

（2）在一条直线上，左右脚交替踩线跳跃前行。

（3）在场地运球跑动，当听到信号后双手持球单腿原地站立数秒钟。

3. 协调性练习

（1）双手同时运两球，原地运球过渡到行进间运球。

（2）"8"字形运球，运球时双脚分开。

（3）直线行进间胯下、背后运球练习。

4. 柔韧性练习

（1）高举球后仰，然后弯腰并用球触碰左右脚侧的地面。

（2）两人背对背，做连续转身传递球动作。

（3）仰卧，双脚夹球，举腿，使球触碰到头部的地面后返回。

（4）从小跨栏架下穿过或穿过立着的呼啦圈。

5. 灵敏性练习

（1）两人面对面站立，互相拍背比赛。

（2）各种绳梯练习。

（3）每人一球，相互破坏对方的运球。

（4）利用中圈和罚球圈，进行运球追逐比赛。

6. 速度练习

（1）听信号后快速加速跑。

（2）持球听信号后，变方向快速运球。

（3）两人快速追赶教练员抛出的地滚球。

7. 力量练习

（1）两人一组推小车或俯卧撑练习。

（2）双手各持一只重量适中的哑铃，做哑铃卧推、哑铃弯举练习。

（3）连续蛙跳或半蹲跳练习。

（4）重量适中的杠铃深蹲练习。

5.6.11 脚步移动和滑步训练计划制订

脚步移动和滑步训练是篮球项目的重要基础，每周都应安排练习，每周 2~3 次，每次不少于 30 分钟。可选择一项专门进行练习，也可选择 2~3 项组合练习。

享受篮球运动带来的乐趣和积极参与篮球运动带来的益处是最重要的。青少年篮球教学训练是以生理学为基础，一切训练手段都要遵循青少年生长发育客观规律，教学训练内容应根据青少年的身体发育水平进行相应调整，要全面提高身体素质、情感、认知和心理技能，应当在适当的时间段学习相应的运动技能。例如，强调要重视运球、传球、接球技术的训练，是因为这些技术是篮球运动中最重要的技术之一。再如，为什么要强化投篮技术训练，是因为它是篮球运动训练的重中之重。强调学习基本的篮球技能，训练必须严格动作规格与动作规范，培养基本技术正确的动力定型，要注重队员智力开发，扩展场上意识能力，把眼睛从球中解放出来，做到观察视野广，准确判断力强。还要鼓励青少年参加其他多种不同的运动项目，促进青少年全面能力的发展。

5.7 安全注意事项

5.7.1 穿戴合适的装备

选择一双合适的篮球鞋，对于球员的安全防护尤为重要。篮球鞋应抓地力强、减震效果好、透气性强、柔性好。球衣建议选择易吸汗的纯棉材质或速干材质。

5.7.2　准备活动要充分

运动前要进行充分的热身活动，如完成慢跑、小跳跃、伸展活动等。好的热身习惯可以降低受伤的风险，充分调动神经系统的兴奋度，使身体逐渐进入运动状态。运动后，也要养成放松习惯，如完成肌肉放松、韧带牵拉等，以减少肌肉的疲劳和损伤。

5.7.3　注意场地和天气

如果条件不允许，只能选择室外场地时，场地一定要平整、干净、安全。室外场地湿滑时，要控制练习速度，注意防滑，避免受伤。夏天练习时，时刻关注身体状况，如出现头晕、肌肉无力情况时，要快速补水，避免中暑。冬天练习时，要注意保暖，更要注重热身活动。

5.7.4　身体状态

身体状况不佳时，应减少运动量或停止运动。教师要随时观察学生的身体状态，学生也应及时向教师报告身体情况。保护学生远离运动损伤是教师的责任和义务。如身体有伤病，要在医生的建议下进行适当运动或停止运动，以避免伤情加重。

5.7.5　营养和睡眠

合理的营养和充足的睡眠是保证训练效果的基础，也是预防运动损伤的重要环节。

5.7.6　运动量

要科学制订训练计划，尤其训练负荷强度要合理。

第 6 章 排　球

6.1　排球项目简介

排球项目是深受群众喜爱的球类运动之一，以紧张激烈的比赛节奏和扣人心弦的精彩瞬间吸引了无数人的目光。排球是一项团队运动，每支队伍由 6 名球员组成。比赛的目标是将球打过网，让球落在对方场地的地面上，对方球员需要阻止球落在他们一侧的地面上。排球场为长方形，中间隔有高网，男子排球网高 2.43 米，女子排球网高 2.24 米。排球比赛中采用的技术包括发球、接发球、扣球、拦网和防守等。球在本方场地时，本方球员只能触球 3 次，同时发球球员不得连续两次触球。排球比赛为五局三胜制，前四局每局得分为 25 分，第五局先得 15 分者为胜，当出现 24 平或 14 平时，要继续比赛至一方领先 2 分才算取胜。

6.2　排球项目的发展

排球作为一项全球性运动，具有广泛的影响力和吸引力。它的影响力不仅体现在广泛的群众基础上，还包括其在国际体育赛事中的地位和作用。现代排球运动已经不仅仅是一项竞技体育项目，也是一种非常受欢迎的健身和娱乐活动，赛事更是各国之间文化和技术交流的平台，能够促进国际友谊发展。

中国女排在世界排坛占据重要地位，女排精神在 2021 年 9 月成为中国共产党人精神谱系中的第一批伟大精神。1981 年至 1986 年，中国女排五次荣获世界冠军；进入 21 世纪，中国女排又分别在 2003 年、2004 年、2015 年、2016 年和 2019 年获得世界杯和奥运会的冠军。

6.3　排球项目的特点与作用

排球项目从产生发展至今，由地板走向沙滩，由娱乐走向竞技，又由竞技发展到娱乐，渐渐渗透到人们的体育锻炼和生活中，深受人民群众的喜爱。

6.3.1　排球项目的特点

1. 击空中球的特点

无论是排球比赛还是排球游戏中运用的击

球方式，都必须击空中的球，接本方同伴的球如此，接对方击过网的球亦是如此，就连自己将球击过网的发球技术，也要将球先抛在空中然后才能击球。因此，参加排球运动的人在时间感和空间感上得到的锻炼和提高是其他球类运动无法比拟的。

2. 击球时触球时间短促

排球项目问世至今，其竞赛规则始终不允许"持球"，即不允许在击球动作停留的时间过长，这是除了借助工具击球的乒乓球、网球等项目外，区别于其他球类运动的一大特点。这一特点既能提高运动员在短暂的触球时间内准确判断来球的力量、速度、角度等的能力，又能提高运动员把来球准确地击向预定目标的控制能力。

3. 允许全身各部位击球

目前，所有的球类运动都有其限定的合法触球部位，唯独排球竞赛规定运动员全身任何部位均可触球。因此，排球运动能使参加该项运动的人，在击球过程中充分展现各种高超的击球技巧。

4. 独特的得分和失分计算

在不借用工具击球的球类比赛中，只有排球比赛（6人制排球）在运用各种技术动作击球时，都存在直接得分和直接失分两种可能性，这就要求排球运动员必须具有扎实的基本功，掌握技术不仅要熟练，还必须全面。降低失误率，是排球比赛制胜因素中不容忽视的一项指标。

5. 完成战术配合时触球次数的有限性

排球竞赛规则规定，每方击球过网，不得超过3次，即每一次战术配合过程只能在3次击球中完成。这一特点是其他集体球类运动项目所不具备的。因此，排球比赛中的各种巧妙配合无一不体现运动员高度的战术意识、队员之间合作的

默契程度和准确程度。

6.3.2 排球项目的作用

1. 增进健康，强健体魄

排球项目具有竞技与娱乐并存的特点，不同年龄、性别、技术水平的人都能参与。经常参加排球运动，不仅能改善人体中枢神经系统和内脏器官的功能状况，同时还能提高身体素质。

2. 锻炼良好的心理品质

经常参加排球训练或比赛，会学到很多控制自己情绪和调节自身心理的手段和方法。例如，连续失误时，如何使自己尽快冷静下来而且不灰心；比分落后时，沉着不气馁；关键比分时，进攻不手软等，都能促成良好心理品质的形成。

3. 培养集体主义精神

排球是一项需要团队合作的运动项目，每个队员都需要在比赛中扮演不同的角色，只有互相合作才能完成比赛目标，这种合作能锻炼青少年的沟通、协调能力。并且在比赛中互相补台、互相帮助，体现良好的体育道德作风和团结协作的集体主义精神。

4. 提高判断和应变能力

准确的判断在排球比赛中非常重要，通过观察对方和同伴的动作、意图，以及场上的布局等，预测将要发生的情况而迅速做出决策。对一些突发情况和改变战术的情况，也能快速做出调整。因此，经常参加排球活动的人，既能锻炼体魄、愉悦身心，又能提高判断、应变等能力。

总之，排球运动的特点和作用很多，在体育领域和社会生活中，有着广泛的影响和重要作用。应该让更多的青少年参与到排球运动中来，在球场上享受排球运动所带来的快乐。

6.4　排球项目对青少年的训练和教育意义

排球比赛中，每次涉及交换球权的时候要轮转换位，在整场比赛中每个队员都有机会体验不同的位置和角色。对初学的青少年，这既展现出体育运动的平等和公正，也满足了他们学习的好奇心和积极性。同时，能促进青少年深入了解排球、全面理解排球运动的重要性，为日后在排球运动中找到适合自己的位置而更加努力地练习并提升自己。

6.4.1　排球项目对青少年的训练意义

1. 改善体型姿态，有助身体长高

对于正处于成长期的青少年，长期进行排球运动可以达到锻炼全身肌肉的效果，让身体更加健美。打排球可以改善体型姿态，有助于身体长高，还可以提高身体的灵敏性和协调性。

2. 提高智力，释放压力

排球项目也是发展青少年智力的重要手段。打排球时脑力处于极其活跃的状态，青少年的观察力、感知力、注意力、记忆力、想象力及思维能力都将得到促进。手掌击打球体时，神经末梢受到剧烈的刺激迅速传感到大脑，大脑立即兴奋起来，释放荷尔蒙，可快速释放压力和负面情绪。

3. 提升注意力

排球运动的传递动作可以提高神经的传导速度，增加神经传递介质，提高反应的速度和灵活性，缩短反应时间，提高敏捷性。特别是在排球比赛中，能提高神经活动的强度，使大脑皮质兴奋性提高，注意力集中。

4. 增强身体素质

排球属于有氧和无氧相结合的运动，在排球场上的奔跑，垫传吊扣，各种动作技巧是平时刻苦训练的积累。整个训练过程能活跃身心，使青少年的动作协调能力、反应能力都有明显提高，青少年的身体形态、生理机能等方面也能得到很好发展，从而全面提高身体素质。

5. 促进心理健康

青少年正处于身心发展的关键时期，如何处理好各种关系、如何面对学业压力等，是他们要面临的难题。经常参加排球运动可以帮助青少年树立健康、阳光的体育精神，也会对他们的人生观、价值观起到良好的塑造作用。

6.4.2　排球项目对青少年的教育意义

1. 培养团队意识

排球项目是一项集体项目，球在空中要经过团队的三次配合才能够完成，团队互动中蕴含着信任、理解、沟通、付出、责任和牺牲。经常参加排球运动能使青少年形成积极向上、团结合作、相互帮助的良好品质，培养团队意识。

2. 培养爱国主义精神

"祖国至上，团结协作，顽强拼搏，永不言败"的女排精神，是中国精神的时代表达，是中国体育精神的生动表现。这一精神，极大地激发了中国人的自豪、自尊和自信，是激发青少年爱国情怀的引擎，是点燃青少年人生理想的火炬。

3. 积极进取的态度

排球是一项需要积极进取的运动项目，要求运动员在比赛中保持高昂的斗志和积极的态度。通过训练和比赛，青少年可以学会勇于拼搏和坚持不懈的精神。无论是面对困难还是失败，他们都能积极面对、勇往直前。这种态度会影响到他

们的一生。

4. 培养审美能力

排球项目给青少年以力的感染、善的诱导、美的享受，造就了青少年内在品格的和谐统一。经常参加排球运动，可提高青少年的审美修养和审美能力，树立正确的审美观。正确的审美观能够很好地指引青少年的审美方向，有利于欣赏排球运动的美，提高他们阅读比赛、理解比赛的能力。

5. 促进社交和交友

排球是一项需要团队协作的运动，青少年可以通过排球促进社交和交流，通过排球结识新朋友，增强社交能力。通过与队友、对手的交流，他们能学会尊重他人，理解他人的需求和感受，培养良好的人际交往能力。

排球项目拥有体育运动带给青少年的全部优秀品质，可以培养青少年热爱运动、科学运动、健康运动的理念。以排球为载体，为青少年提供一种新的排球生活方式，让排球帮助每个孩子提升身体素质，可以养成受益一生的运动习惯。尤其是女排精神，是对青少年进行思政教育的最好方式。

图　6-1

6.5　排球基本技术

6.5.1　准备姿势

准备姿势是排球技术的基础，为迅速移动、跑动、及时起跳、倒地等技术动作做好准备。按照身体重心的高低，准备姿势可分为半蹲准备姿势、稍蹲准备姿势和低蹲准备姿势三种形式（图 6-1～图 6-3）。

图　6-2

图　6-3

准备姿势

1. 技术要点

（1）两脚左右开立，略宽于肩，一脚稍前，两脚尖适当内收，脚跟稍提起。

（2）膝关节保持一定弯曲度，上体前倾。

（3）重心靠前，膝部的垂直线应在脚尖前面。

（4）两臂放松，自然弯曲，双手置于腹前。

（5）目视来球，两脚保持待发状态。

2. 易犯错误

（1）全脚掌着地。

（2）直腿弯腰，臀部后坐。

3. 纠正方法

（1）强调提起脚跟，两脚前后距离适当加大。

（2）多练习低姿移动辅助练习。

（3）讲解清楚重心靠前的原理，使双膝投影超过脚尖。

准备姿势与移动是排球基本技术之一，属于无球技术，是完成发球、垫球传球、扣球和拦网等各项有球技术的前提和基础，并对各项有球技术的运用起串联和纽带作用。准备姿势和移动是相辅相成的，准备姿势主要是为了移动，而要快速移动，又必须先做好准备姿势。

6.5.2 垫球技术

垫球在比赛中主要用于接发球、接扣球、接拦回球以及防守和处理各种困难球。此外，在比赛中有时还可用垫球来组织进攻，起着弥补传球的不足，辅佐进攻的作用（图6-4）。

图 6-4

垫球技术

1. 技术要点

（1）两手手掌互叠合握，两拇指对齐平行并拢，掌根靠紧。

（2）两臂伸直，用前臂腕关节以上10厘米左右的两小臂桡骨外侧构成的平面击球。

（3）肘关节伸直夹紧，前臂外翻。

（4）两臂夹紧前伸，插入球下，通过提肩、顶肘、压腕、抬臂动作击球后侧下部。

2. 易犯错误

（1）球打在手腕、拇指关节，由于接触面小，垫出的球不稳定。

（2）无提肩动作，导致两手臂没夹紧，从而借助屈肘、翘腕、勾前臂的力量来击球。

（3）两手臂不在同一平面，球击在单臂上；过早或过晚发力，击球高度过低。

（4）只用上肢发力垫球。

3. 纠正方法

（1）在手臂上做出记号或者戴一个10厘米左右的护腕，有意识地用这个部位去击球。

（2）原地做直臂上抬、夹紧、外翻练习。多做徒手模仿练习，体会直臂上抬练习。

（3）每次击球的高度要适中，同时眼睛盯球做好判断，脚步移动要快。如果击球控制不好，那就从一抛一垫开始过渡到一抛二垫，再过渡到一抛多垫。

（4）原地徒手动作的练习，注意全身动作的共同协调发力。

垫球是排球运动中的基本技术之一，其中正面双手垫球是各种垫球技术的基础，也是最基本的垫球方法。垫球的效果决定了战术质量，是增加得分机会的重要因素，是稳定阵脚的压舱石。想打好排球，垫球是必不可少的技术。

6.5.3 传球技术（二传技术）

传球是一项细腻、精准的技术动作，是排球运动的基本技术之一，是进行比赛与战术组织的基础。其特点是准确性较高，容易控制球的落点和方向，由防守转为进攻的组织对第二传显得尤为重要。作为二传手不仅要具备观察全局的视野，还必须拥有冷静的思维，把握每一个攻手的扣球击球点并发挥出接近百分百的进攻能力，是球场上的组织者。

两手自然张开成半球形，两拇指相对成"一"字形，用拇指内侧、食指全部、中指二三关节触球，无名指和小指在两侧辅助控制传球方向。当来球接近头上方时，首先要做迎球动作，双手由脸前上方主动迎球，然后利用蹬地、展体和伸臂迎球的动作，全身协调用力，通过手指、手腕的弹力将球传出（图6-5、图6-6）。

图 6-5

图 6-6

传球技术

1. 技术要点

（1）稍蹲姿势，面对来球双手自然抬起，放松，置于脸前。

（2）当球下降至额前时，蹬地伸膝、伸臂，两手向前上方迎击来球。

（3）击球点在额前上方一球距离处，有利于看准来球和控制传球方向。

（4）传球动作是全身协调用力，蹬地、伸膝、伸腰，手指、手腕屈伸。最重要的是利用伸臂和手腕手指的紧张和球压在手指上产生的反弹力将球传出去。

2. 易犯错误

（1）大拇指没有成"一"字形，两手的距离太远或太近。

（2）没有控制在额前上方一球距离。

（3）传球时，手臂没有充分伸直。

（4）传球发力时身体后仰。

3. 纠正方法

（1）可将球向正上方抛起，用半球手形接住，检查自己的手形；或连续地对墙近距离传球，体会正确垫球手形。

（2）多做原地自抛自传球的练习，体会正确击球点。

（3）坐在地上，上体打直，传同伴的抛球。

（4）多做徒手传球动作，上体向前上方送的动作。

正面双手传球是排球最基本的传球技术，进行正面双手传球，首先要判断来球的路线与落点，要尽快地移动到球的下面，与球保持合理的位置，对准传球方向做好传球前的准备姿势。

6.5.4　扣球技术

扣球是排球基本技术之一，是跳起在空中

将高于球网上沿的球有力击入对方场区的一种击球方法。扣球在比赛中占有重要地位，是得分的主要手段，是进攻中最有效的武器（图 6-7 ～ 图 6-10）。

图　6-7

图　6-8

图　6-9

图　6-10

扣球技术

1. 技术要点

（1）站在离球网3米左右处，两脚自然开立，两膝微屈，上体稍前倾，两臂自然下垂，观察二传来球，随时向各个方向助跑起跳。

（2）以两步助跑为例：助跑时，左脚先向前迈出一步，接着右脚再迅速跨出一大步，左脚及时并上，落在右脚侧前方，脚尖稍向内扣，快速起跳。

（3）起跳后，挺胸展腹，上体稍向右转，右臂向后上方抬起，身体呈反弓形。挥臂时，以迅速转体、收腹动作发力，依次带动肩、肘、腕各关节成鞭甩动作向前上方挥动。

（4）扣球时，手掌微张成勺形并保持紧张，用全手掌包满球，以全手掌击球，击球的后中部，同时主动挥臂，并用力压腕屈指向前急速推压，使扣出的球加速上旋，击球点在起跳和手臂伸直最高点的前上方。

（5）空中完成击球动作后，核心力量控制身体自然下落，为了避免腿部负担过重，应尽量用双脚的前脚掌先着地，同时顺势屈膝，缓冲身体下落的力量。

2. 易犯错误

（1）助跑起跳前冲，整个人在球的下方甚至前方，从而导致击球点不正确，挥臂发力不协调，不完整。

（2）助跑过早导致起跳后球还没有落到正确的击球点，从而难以击到球；助跑启动太晚或起跳晚，会导致起跳后，球已经落在适宜击球点的下方。

（3）全手掌没打开，没有包满球，会导致触球面积太小从而难以控制扣出球的方向。

（4）人球位置关系保持不好，击球时控制效果差。

3. 纠正方法

（1）多做徒手的助跑起跳练习，最后一步在加速的同时注意制动，将向前的速度转化为向上起跳的加速度；在地上画每一步的标记点，练习过程中进行踩点练习，防止前冲。

（2）根据教师或同伴的提示信号启动助跑，反复练习，体会正确的助跑起跳时机。

（3）击固定球练习，旨在体会手掌打开，包满球的感觉，同时始终将球控制在右肩前上方手臂伸直的最高点。

（4）做自抛自扣高球练习，脚下积极移动，调整好人球位置距离关系。

扣球是战术配合中的最终目的，强有力的、富有战术目的的扣球，可使对方难以防守和组织反击，从而掌握比赛的主动权。

6.5.5　下手发球技术

身体正面对网，手臂由后下方向前上方摆动，在腹前将球击入对方场区的一种发球方法。正面下手发球由于动作简单，因此最适合初学者学习和运用（图 6-11）。

图　6-11

下手发球技术

1. 技术要点

（1）面对球网，两脚前后开立，左脚在前，两膝微屈，上体稍前倾，重心偏后脚。

（2）左手持球于腹前，将球轻轻抛起在体前右侧，离手高约 20 厘米，在抛球的同时右臂伸直以肩为轴向后摆动，借右腿蹬地力量，身体重心随着右手向前摆动击球而移至前脚。

（3）在腹前以全手掌、掌根或虎口击球中下部。

2. 易犯错误

（1）击球点过高或过低。

（2）抛球与摆臂击球不协调。

（3）挥臂方向不正、击球不准。

3. 纠正方法

（1）理解规范动作的概念，练习前做好准备姿势。

（2）反复结合抛球做摆臂练习。

（3）击固定球或对墙发球练习。

学习发球首先要学会正面下手发球，尤其是女生，然后在此基础上学习其他发球技术。下手发球动作简单，适用于初学者，但球速慢，攻击性不强。

6.5.6　上手发球技术

上手发球时面对网站立，便于观察对方。上手发球的准确性强，易控制落点，并能充分利用转体、收胸、收腹的动作带动手臂挥动。发出的球应呈上旋状态，以便在加大发球力量时使球不易出界（图 6-12、图 6-13）。

图 6-12

图 6-13

上手发球技术

1. 技术要点

（1）面对球网，两脚前后自然开立，左脚在前，右脚在后，左手持球在腹前。

（2）左手将球平稳抛至右肩前上方，高度适中。在抛球的同时，右臂屈肘抬起并后引，肘关节与肩部齐平，手掌自然张开，呈勺形，上体稍向右侧转动，抬头、挺胸、展腹，身体重心移至左脚。

（3）击球时，两脚蹬地，上体迅速向左转动，迅速收腹，带动手臂向右肩上方加速挥动，以全手掌击球的后中下部。击球时，手臂要充分伸直，手掌和手腕要迅速明显做推压动作，使球向前呈上旋飞行。

（4）击球后，迅速进入比赛场地。

2. 易犯错误

（1）击球点偏前或偏后。

（2）发力击球时转体过大。

（3）没有推压带腕。

（4）全身协调用力不充分。

3. 纠正方法

（1）反复练习向上抛球。

（2）击固定球，徒手练习挥臂动作。

（3）对墙近距离发球，要求手包住球，使球呈上旋。

（4）手持网球或体积较小的重物，上举至肩部后上方，全力掷远。

发球是一项先发制人的进攻技术，攻击性强的发球可以直接得分，也可以破坏对方的一传与进攻，动摇其士气，为本队拦网和防守创造有利条件。发球一旦失误就会失去发球权并给予对手得分的机会。排球技术在训练中，如果发球技术好，也可能带动接发球技术的提高。

6.5.7 拦网技术

靠近球网，将手伸向高于球网处，阻挡和截击对方来球的一种技术。拦网具有强烈的攻击性，可以直接拦死、拦回对方的扣球，能够削弱对方的锐气，动摇对方的信心，给对方造成心理压力（图 6-14、图 6-15）。

图　6-14

图　6-15

拦网技术

1. 技术要点

（1）面对球网，两脚左右开立约与肩宽，距离网 30～40 厘米，两膝微屈，两臂在胸前自然屈肘。

（2）可采用并步、交叉步、跑步等步法向前或向斜前移动。移动拦网制动时，双脚尖稍向内转，同时利用手臂摆动帮助起跳。

（3）原地起跳时，重心降低，两膝微屈，身体垂直向上起跳。

（4）两手从额前向网上沿前上方伸出。两臂平行，两肩尽量上提，两臂尽力过网伸向对方上空，两手接近球，自然张开，手触球时两手要瞬间紧张，用力屈腕，主动"盖帽"捂住球。

2. 易犯错误

（1）拦网时起跳过早。

（2）双手手臂前扑或前压过大，导致触网。

（3）起跳后落地时，脚过中线，身体触网。

（4）手臂距网较远，中间漏球；盲目起跳，不看扣球动作。

3. 纠正方法

（1）采用信号刺激，加强起跳时机判断。

（2）徒手模仿体验屈腕拦球动作；在低网下拦固定方向扣球，防止手触网。

（3）徒手原地做起跳含胸、收腹动作。

（4）徒手练习近网起跳，两手伸向对方；判断扣球人的助跑路线，快速移动选准起跳点；眼睛紧盯扣球人挥臂动作，拦网时不要闭眼。

拦网是球队比赛时防守反击的第一道防线，是反攻的重要环节，拦网的质量与效果直接影响着比赛的胜负。拦网主要可以分为单人拦网和集体拦网，集体拦网主要指两人拦网或三人拦网。

6.5.8 完整技术展示

完整技术展示

以上排球基本技术，涵盖了在排球比赛或考试中可选择的技术方式。组合方式可因个人情况不同自由组合。在组合过后要加强不同技术的衔接，才能在比赛中发挥得更好。

6.6 排球项目课后练习与训练计划制订

6.6.1 准备姿势与移动课后练习

（1）原地做模仿练习，面对或侧对镜子做准备姿势，观察动作是否正确。

（2）看手势做向前、向后、向左或向右的一步和两步移动。

（3）2 人 1 组，一人做向各个方向的移动，另一人跟随做相同方向的移动。

（4）单人在场地内连续接各种抛球，要求抛球人抛出高低远近都不同的球。

6.6.2 准备姿势与移动训练计划制订

（1）热身 5 分钟 + 准备姿势 + 脚步移动（滑步、交叉步、后退跑、"米"字形移动）20 分钟，主要以高、中、低的重心变化和各种脚步移动为主。

（2）原地纵跳 3 次，立即做好半蹲准备姿势，接着做移动步法。每次练习 8 组。

（3）从端线开始向进攻线来回移动再返回到中线，再从中线回到进攻线，再到对方进攻线，再返回到中线，再摸到对方端线，返回进攻线，最后到对方端线为止。移动时，不能只求速度，要求手碰到线，改变方向时步法要正确，重心要低、水平移动。连续进行 3 组练习，每组间隔 3 分钟。

6.6.3 垫球课后练习

（1）垫固定球。2 人 1 组，一人持球固定在小腹前高度，另一人从准备姿势开始，做垫击动作，但不将球垫出，只体会击球的动作。击球手型和触球部位要正确，注意全身协调用力。

（2）垫击抛球。2 人 1 组一抛一垫。球要抛准，尽量固定抛球的高度、速度及落点，垫球人用原地正面垫球的动作将球垫回。当初步学会垫球动作后，再逐渐加大难度，适当将球抛在练习人的前后、左右。

（3）对墙自垫。一人一球对墙自垫。要求距墙 1 ~ 1.5 米，认真体会用力顺序，体会动作要领，注意击球部位。对墙自垫能熟悉球性，增加球感。

（4）两人对垫。先练习原地对垫，再练习移动对垫，逐步提高练习难度。

6.6.4 垫球技术训练计划制订

（1）垫固定球。每人练习 10 次后相互交换，练习 5 组。

（2）垫击抛球。每人练习 5 次后相互交换，练习 5 组。

（3）对墙自垫。每组垫球 30 次，练习 10 组。

（4）两人对垫。两人间距 5 ~ 6 米，连续对垫 50 次，练习 5 组。

6.6.5　传球课后练习

（1）徒手模仿练习。原地进行模仿练习，重点体会手型，动作连贯，协调用力。

（2）传固定球练习。原地进行固定球练习，重点体会击球点和触球部位。

（3）自抛自传练习。原地进行自抛自传球练习，重点体会手指触球、弹击球动作，身体协调用力。

（4）2 人 1 组，一抛一传练习。两人距离 3 ~ 5 米，一人抛球另一人传球。重点体会判断、移动取位，身体协调用力。

6.6.6　传球技术训练计划制订

（1）传固定球。每人练习 20 次后相互交换，练习 5 组。

（2）传互抛球。每人练习 15 次后相互交换，练习 5 组。

（3）对墙自传。距离墙 50 厘米，每组连续传球 50 次，练习 4 组。

（4）两人对传。两人间距 4 ~ 5 米，连续对传 50 次，练习 5 组。

6.6.7　扣球课后练习

（1）原地助跑上步踏跳练习。

（2）一步助跑起跳练习。

（3）网前助跑起跳。

（4）扣球手臂挥臂甩腕练习，体会鞭甩动作。

（5）2 人 1 组，一人持球举至击球点位置，另一人挥臂击固定球。体会击球点和手形。

（6）网上扣固定球，体会网上扣球击球点和手形。

（7）对墙连续扣球，体会挥臂动作和击球手法。

（8）在网前自抛自扣过网。

6.6.8　扣球技术训练计划制订

（1）原地徒手模仿扣球挥臂。做若干组，每组挥臂次数约 20 次。

（2）抓石头或小杠铃片模仿扣球挥臂，做若干组，每组挥臂次数约 10 次。

（3）2 人 1 组，一人持球直臂举起在头前上方，另一人徒手挥动手臂仿扣球动作击球。每人每组挥臂 15 次后交换进行。

（4）循环多次进行原地、一步、二步、三步及多步助跑起跳摸树叶、篮板或篮筐。

（5）2 人 1 组，相距 10 米左右，对地面扣反弹球。每人 10 次 1 组，练习 5 组。

6.6.9　下手发球课后练习

1.徒手练习

（1）徒手抛球练习。

（2）徒手模仿发球，包括抛球、引臂、挥臂、击球等完整的连续动作。

（3）对固定目标做挥臂击球练习。

2.结合球练习

（1）自抛练习，抛球高度和位置应符合发球动作要求。

（2）结合抛球进行引臂和挥臂练习，解决抛球引臂与挥臂击球动作的配合问题。

（3）近距离的对墙发球练习，将抛球、挥臂、击球、用力等环节有机衔接起来。

（4）两人一组相距 9 米左右发球。

3.结合球网练习

（1）近距离隔网发球练习。

（2）站在端线向对区发球。

（3）站在端线左、中、右三个不同的位置向对区发球。

（4）站在端线远、中、近不同距离发球。

6.6.10 下手发球技术训练计划制订

（1）徒手模仿练习，每组10次，完成3组。

（2）抛球的练习，单手抛球10次1组，完成3组。

（3）抛球与发球击球相结合练习，10次1组，完成3组。

6.6.11 上手发球课后练习

1.徒手练习

（1）徒手抛球练习。

（2）徒手模仿发球，包括抛球、引臂、挥臂、击球的完整动作。

（3）对固定目标做挥臂击球练习。

2.结合球练习

（1）自抛练习，抛球高度和位置应符合发球动作的要求。

（2）结合抛球进行引臂和挥臂练习，解决抛球引臂与挥臂击球动作的配合。

（3）近距离的对墙发球练习，将抛球、挥臂、击球、用力等环节有机衔接起来。

（4）2人1组相距9米左右发球。

3.结合球网练习

（1）近距离的隔网发球练习。

（2）站在端线向对区发球。

（3）站在端线左、中、右三个不同位置向对区发球。

（4）站在端线远、中、近不同距离发球。

6.6.12 上手发球技术训练计划制订

（1）徒手模仿练习，每组10次，完成3组。

（2）抛球练习，单手抛球10次1组，完成3组。

（3）抛球与发球击球相结合练习，10次1组，完成3组。

6.6.13 拦网课后练习

（1）面对球网，作无球移动练习。

（2）原地起跳拦抛球。2人1组隔网站立，一人抛球，一人做拦网练习。

（3）拦后场抛球。2人1组，要求抛球者在场区稍后的位置抛球到网口上方。

（4）拦网判断练习。2人1组，隔网站立，要求抛球者在进攻线上手持球，运用扣球的助跑起跳在空中将球抛向对方，拦网者根据抛球者的助跑方向和抛球动作，判断抛球路线起跳拦网。

6.6.14 拦网技术训练计划制订

1.拦网的脚下移动步法训练

（1）利用扣球三步助跑动作，先向左侧进行助跑后的起跳拦网，再向右侧进行助跑起跳拦网，每组跳6次，完成3组。随着三步助跑起跳熟练性的提高，可交替进行一步助跑和二步助跑起跳的练习。

（2）从网左侧开始采用跳步起跳拦网，双脚同时起跳进行拦网，然后再到网右侧进行。跳步的距离可大可小。每组跳6次，完成3组。

（3）拦网人从网左侧开始，采用快速小跑步步法，跑动中身体重心下降，到达预想起跳点迅速起跳拦网。然后再到网右侧进行。跳步的距离可大可小。每组跳6次，完成3组。

（4）在网中间准备先向左侧运用单脚起跳进行拦网，然后再向右侧进行拦网。每组6次，完成3组。此训练方法应注意空中转体动作。

（5）面对网，距网 1 米左右，做快速一步助跑起跳进行拦网。每组 6 次，完成 3 组。

2. 拦网的起跳训练

（1）快速起跳拦网。在网前准备，采用并步起跳方法，先向左侧并步起跳拦网，再向右侧并步起跳拦网，每组跳 10 次，完成 2 组。

（2）原地快速连续 2 次起跳拦网。第一次跳起后还未到达空中最高点时，马上使身体快速下降，在脚触地后以最快的起跳速度再次跳起进行拦网。每组 10 次，完成 2 组。

（3）深蹲起跳拦网。面对网站立，双手在胸前准备，原地起跳前要求腿部下蹲角度较大（小于 90°）。每组 10 次，完成 2 组。

3. 拦网的手法训练

（1）将球网降低，使拦网人不跳起双手高举能超过网 40 厘米。拦网人贴近网站立、双手高举并伸过网作快速提肩搭腕动作（10 次），然后双手同时向左侧做包抄动作（10 次），再向右侧做包抄动作（10 次）。

（2）将球网升至正常高度，进行跳起后的空中手上动作训练。内容与不跳起拦网一样，但要求拦网人身体贴近网，两只手臂靠近网，双手伸过网，同时手指充分张开并保持一定的紧张度。但不触网。

以上基本技术的课后练习，每次可选择 1 项进行专门练习，也可 2～3 项或多项的有机结合。

6.6.15　排球项目专项素质与体能训练

1. 反应速度练习

（1）各种折回跑步，不同的转弯，转向跑（20 秒 ×3 组）。

（2）面对墙做各种接球练习。固定一个点，照着点垫球、接球，提高反应速度（30 球 ×3 组）。

2. 移动速度练习

（1）冲刺跑（50 米 ×4 组）。

（2）向后倒退快速跑（20 米 ×4 组）。

（3）向左右两侧快速滑步（15 米 ×4 组）。

3. 手指力量练习

（1）多练习手指握球。

（2）练习抓超重球或提重物。

4. 手臂力量练习

（1）俯卧撑。

（2）投实心球。

（3）哑铃弯举。

（4）哑铃平举。

5. 腰腹力量练习

（1）侧卧举腿。

（2）仰卧起坐。

（3）仰卧举腿。

（4）小燕飞。

6. 下肢力量练习

（1）负重深蹲。

（2）蛙跳。

（3）跳台阶。

（4）半蹲跳。

注：上下肢力量、腰腹力量课后练习可根据自身条件和能力，以及身体状态灵活安排运动量。

7. 排球专项素质与体能训练的注意事项

（1）在力量练习时一定要突出速度因素，不能片面追求负荷重量，要在正确动作的前提下选择适宜的负荷突出速度。

（2）专项身体素质要与专项技术动作结合起来练习。

（3）练习难度或负荷重量要循序渐进。

（4）力量练习一定要全面，上下肢、前后肌群要均衡发展。

（5）力量练习要因人而异，不同性别、不同基础地选择合适的内容。

6.7 安全注意事项

6.7.1 穿戴合适的装备

选择合适的排球鞋，对青少年的安全防护特别重要。排球鞋应抓地、减震、透气性强、柔性好。球衣要选择易吸汗的材质或速干球衣。

6.7.2 热身和拉伸

在比赛或训练前，进行充分的热身和拉伸非常重要，可降低受伤的风险。热身可以增加身体的灵活性和血液循环，预防肌肉拉伤和其他运动损伤。拉伸可以增加身体的柔韧性，减少肌肉疲劳和损伤。运动后，也要养成认真放松的习惯，如完成关节和肌肉放松、韧带牵拉等。

6.7.3 注意场地和天气条件

在条件允许的情况下，最好选择有专业排球地胶或地板的场地上打球。如果只能选择室外场地时，场地一定要平整、干净、安全。在室外练习时，根据天气条件，随时做好预防措施。

6.7.4 注意身体状况

如果身体有伤病，要在医生和教师的建议下进行适当运动，避免伤情加重。如果感到疲劳或不适，应该停止运动。

第 7 章　乒　乓　球

7.1　乒乓球项目简介

乒乓球是一项集进攻、对抗和防守于一体的球类体育项目，也是一项在全世界范围内广受欢迎的体育运动。乒乓球项目在中国有着深厚的群众基础，被称为中国的"国球"。乒乓球比赛在专用的球台上进行，球台中间隔有横网，比赛规则规定运动员使用球拍在乒乓球台两端轮流击球，目标是将球击中对方台面迫使对方回球出界、落网或犯规而得分。乒乓球比赛分为团体赛和单项赛，单项赛中又包括男单、女单、男双、女双和混双。乒乓球团体赛通常采用五局三胜制，单项赛采用七局四胜制，每一局比赛结束后休息 1 分钟。每局比赛是 11 分制，即先得到 11 分一方赢得该局。比赛时发球为两球换发制，当比分达到 10∶10 时采用 1 球换发制，直至拉开 2 分差距决出胜负。

7.2　乒乓球项目的发展

乒乓球作为一项在全球范围内广受欢迎的运动，越来越多的国家和地区参与其中，在众多的国际比赛中也涌现出越来越多的优秀选手和强队，但中国被公认为全球乒乓球的领军国家。乒乓球不仅仅是一项运动，更是一种文化、一种精神。它承载着中国人的情感，体现了中国人民勇敢、坚韧和不屈不挠的精神风貌。中国乒乓球的强大实力和卓越成绩，对全世界乒乓球运动产生了深远影响。中国运动员在比赛中展现出的精湛技艺和坚韧精神，赢得了全球乒乓球爱好者的尊敬和赞誉。中国乒乓球文化也在全球范围内产生了影响，并推动了乒乓球运动在全球的普及与发展。

7.3　乒乓球项目的特点与作用

7.3.1　乒乓球项目打法特点

1. 快攻类打法特点

传统直拍快攻打法的主要特点是速度快、落点好、攻击力强。快速是直拍快攻打法的灵魂。其技术风格是"快、准、狠、变、转"。其指导思想是"积极主动，以快为主，抢先上手，先发制人"。

2. 快攻结合弧圈类打法特点

快攻结合弧圈类打法的基本站位在中近台，近台以速度为主、旋转为辅。这种打法要求把速度与旋转较好地结合起来。其技术风格是"快、转、准、狠、变"。其技术特点是近台快攻快速凶狠，中近台以拉弧圈作为相持或过渡，反手以快拨为主，利用快、慢不同节奏的变化，将速度与旋转紧密结合，取得主动。

3. 弧圈结合快攻类打法特点

弧圈结合快攻类打法是以旋转为主，其中包括横拍弧圈结合快攻和直拍弧圈结合快攻两种打法。其主要特点是站位中近台，以正手弧圈作为主要得分手段，有较好的快攻能力，以前冲弧圈代替扣杀。与攻球相比，弧圈球有更多的击球时机，稳健性好，杀伤力更大。

弧圈结合快攻类打法在比赛中常以转制快、以转破转作为战术指导思想，利用弧圈球的上旋冲力，迫使对手离台击球，打乱对方的节奏，破坏对方的进攻战术，为自己的主动进攻创造有利条件。

4. 削球和削攻类打法特点

削球打法站位较远，以中远台结合远台，是以削球为主，结合各种技术的组合与变化，配合反攻得分的一种打法。其主要特点是"转、稳、低、变、攻"。削球打法可分为以削为主、逼角反攻、转与不转反攻、削攻结合、削攻推结合倒板等多种打法。

削球技术有两大主要特点：一是稳健性，二是积极性。稳健性主要表现在站位离台较远，削球有较充裕的准备时间，能减弱对方来球的速度与旋转，以减小击球的难度。积极性主要表现在旋转变化与落点变化上，通过削出不同旋转与落点的变化球，为主动进攻创造有利条件。

7.3.2 乒乓球项目的特点

1. 球体轻，球速快，转速高

乒乓球仅 2.5 克，但它的飞行速度最快可达 24 米 / 秒，最高转速可达 168 转 / 秒。在速度和旋转的牵制下，如何准确击球，对运动员整体的感觉、反应、控制和调节能力有着极高的要求。

2. 打法多样

乒乓球项目的打法有快攻、弧圈球和削球之分；球拍有长胶、正胶、反胶、生胶和防弧圈胶之分；技术风格有凶狠、稳、变之分；并且每名选手都具有自己的特色，参加乒乓球比赛需要有很强的适应、调节和应变能力。

3. 技术种类多，动作结构作用差异大

乒乓球项目的主要技术有 8 大类 81 项，而且旋转变化的种类也比较多，典型的旋转就有 26 种（基本旋转 6 种、混合旋转 20 种），常常使运动员感到棘手。专项技能要求多而且技术动作要求高度灵敏，如击球时要求全身各关节、肌肉高度协调，手腕、手指动作技巧细腻。在指导思想方面，既要求技术全面，没有明显漏洞，又要求特长突出；在技术上，既要求有速度与旋转的结合、攻与防的转换，又要求有速度、力量、节奏、落点的变化。因此对多项技战术的掌握、技术组合和综合能力就显得非常重要。

4. 复杂性

乒乓球的球速 19～24 米 / 秒，转速 20～180 转 / 秒；击球间隙 0.16～0.4 秒。在乒乓球台上，落点变化有 70 余个，旋转方向的变化有 6～8 种（理论上 26 种），弧线有 9 条；各种球性的单个出现区和其组合出现还具有无序化的特点：如最凶的球、最快的球、落点最刁的球、最转的球、又快又转的球、大板扣杀的球、旋转变化的球等，再加上技术类型打法和球拍性能的不同，可

形成多种不同的球性刺激。

5. 思想品质要求高

乒乓球训练要求具备强烈的上进心和求胜欲，优异的技战术，冷静、灵活、积极的思维，顽强的意志和稳定健康的心理素质，缺一不可。

7.3.3 乒乓球项目的作用

乒乓球项目是人们强身健体、延年益寿的有效锻炼手段之一，不仅老少皆宜、易于开展，而且还能提高人们锻炼的兴趣，从而达到循序渐进地提高体能、促进身心健康的目的。

1. 促进身体健康

乒乓球是一种全身运动，对速度、反应、灵敏性、爆发力等方面都有一定的要求。可以较大范围地调用人身上几乎所有的肢体肌肉，达到强身健体。

2. 提高心肺功能

经常从事乒乓球运动，不仅可以锻炼呼吸肌的力量，还可以增强胸廓的活动度。提高呼吸运动能力、身体的耐力和氧耗能力，还有助于降低心血管疾病的风险，增强身体的抵抗力。

3. 预防眼部疲劳

乒乓球的速度快，要求人们在短时间内集中注意力。这可以缓解眼部疲劳，对预防近视有一定的帮助。此外，打乒乓球的过程中还能促进血液循环，有助于改善视力。

4. 促进新陈代谢

在乒乓球运动中，每完成一个动作所涉及的肌肉群很多，而肌肉的主动收缩与舒张会大大增加肌肉的血液流量，从而增强肌肉的新陈代谢能力。由于打乒乓球体力消耗也大，身体不停地来回运动，也能促进肠胃的蠕动。

5. 提高反应速度

乒乓球的体积小、速度快，要求球员在短时间内迅速做出反应，这可以提高人的反应速度和思维敏锐度。通过不断练习，人们的反应会更快，注意力也会更集中。

6. 使人心情愉悦

乒乓球运动能促进人们的心理健康，每次乒乓球锻炼之后都会感到身心愉悦、神清气爽，并能体会到打球的乐趣，更加积极向上。

乒乓球项目最大的特点就是器材设备十分简单，受场地限制小，室内室外都可进行，非常方便，而且对青少年的各方面发展都有着积极的影响。因此，我们要鼓励青少年积极参与乒乓球运动，让他们在锻炼身体的同时，得到更多的成长和提升。

7.4 乒乓球项目对青少年的训练和教育意义

7.4.1 乒乓球项目对青少年的训练意义

1. 增强身体素质

乒乓球需要迅速反应、灵活移动和持久耐力，这些要求有助于增强青少年的体能和协调性。通过练习，青少年的各项身体素质会得到全面提升，从而更加健康和有活力。

2. 提高注意力

打乒乓球需要高度集中的注意力和快速反应能力，因为乒乓球的速度很快且方向难以预测。通过注意力和反应速度的训练，青少年可以提高在学习和生活中的表现和成绩。

3.开发智力

乒乓球运动员大多从少年时期培养,它能够促进大脑发育,开发智力。在打球过程中,需要打球者的眼睛时刻盯住球的位置,感测球的运行轨迹,并持拍准确击球,这一系列的连贯动作,不仅可以锻炼人的手眼协调能力,还锻炼大脑的反应能力。

4.促进身体发育

青少年正处于身体和心理的发育期,骨骼和各脏腑组织器官功能尚未发育完善,经常进行乒乓球练习,可促进青少年的生长发育和心理发育,提高骨密度和免疫力。

5.提升心理素质

乒乓球平时练的是战术,比赛比的是心理。通过乒乓球训练,可使青少年的自信心、自持力、独立性、思维敏捷性得到全面培养。青少年每天处于学习的疲劳和焦躁中,参加乒乓球运动是调节心理的一个很好途径。

7.4.2 乒乓球项目对青少年的教育意义

1.增强爱国主义精神

对青少年的成长来讲,爱国是立身之本、成才之基。广大青少年要学习和了解国乒的事迹,激励自己在青春的追梦路上奋发图强,不断进取。一代又一代乒乓球运动员在党的领导下,不怕艰难、勇于开拓、顽强奋斗,在各项世界大赛中屡创奇迹,使五星红旗在世界赛场无数次升起,为国扬威。国乒精神始终是激励中国人民特别是广大青少年不断奋进的强大动力。

2.培养团队合作精神

乒乓球双打比赛可以培养团队合作精神,也能培养两人的默契度和集体荣誉感。队员需要相互配合、相互支持、分工合作,才能取得胜利。

团队合作不仅仅体现在比赛中,更体现在平时的训练中,这对于青少年未来的发展非常重要。

3.培养意志力

练习乒乓球可以培养青少年的意志力和毅力。乒乓球技术需要不断地重复练习,需要他们耐心地面对失败和挫折。在不断地练习中,青少年会逐渐形成坚定的意志力和不屈的毅力,这些品质有助于他们健康成长。

4.培养拼搏精神

乒乓球运动的过程,就是不断克服困难、超越自我的过程,是一次次跨越障碍走向成功的过程。面对压力和困难,要毫不气馁、坚持不懈地拼搏到最后。这能更好地培养青少年百折不挠的品质。

5.积极向上的生活态度

在乒乓球比赛中,运动员总是充满活力和热情,无论是赢球还是输球,都能以平和的心态面对,从失败中总结经验,从胜利中得到信心。不论遇到什么困难和挫折,都能乐观面对,积极寻找办法。只有积极向上的生活态度,才能面对一切困难和挑战。

6.促进社会交流

乒乓球运动被广泛视为一种促进人际交流和友谊的运动。通过与他人一起参与乒乓球比赛或活动,人们能够建立更多的社交互动和友谊关系,增进互相了解。

乒乓球作为中国的国球,它的魅力和影响力已经深深地植根于中国的体育文化中。广大青少年要点燃追求卓越、勇攀高峰的斗志,传承"团结协作、勇敢拼搏、永不言败、为国争光"的乒乓精神,这也是思政教育的最好体现。青少年要挥动球拍,来享受乒乓球的乐趣,并在这项运动中赢得更多的健康、快乐和成就。

7.5 乒乓球基本技术

7.5.1 握拍法

1. 横拍握拍法

（1）拇指、食指和虎口成半封闭状从拍肩侧面插入捏住球拍，虎口与拍肩保持适当距离。

（2）中指、无名指和小指自然握住拍柄，手指用力松紧适当，即使球拍保持相对稳定，又不僵硬锁死。

（3）击球时以拇指和食指用力和调节为主。

（4）虎口与拍肩的相对位置决定握拍特点，主要分为偏反手型（虎口偏向拇指）、均衡型（虎口正对拍肩）、偏正手型（虎口偏向食指）等（图 7-1、图 7-2）。

图 7-1

图 7-2

横拍握拍法

2. 直拍握拍法

（1）以拇指和食指从正面握住拍柄与拍面的结合部。

（2）中指头部呈椭圆形状顶住球拍背面，无名指和小拇指顺势搭在球拍背面。

（3）根据打法特点调节手指用力方法，快攻型、正手单面拉型、左推右攻型握拍方式相对偏正手，以便发挥正手进攻优势，拇指和食指在正反手转换过程中用力调节较明显。

（4）直拍横打型在正反手转换过程中拇指和食指用力基本均衡。正手以拇指、中指用力为主，反手以食指、中指用力为主（图 7-3、图 7-4）。

图 7-3

图 7-4

直拍握拍法

7.5.2 基本姿势和站位

1. 基本姿势

（1）两腿自然分开，可与两肩同宽或比两肩略宽。

（2）两膝弯曲，身体前倾，重心降低放在前脚掌上，收腹含胸。

（3）两肩和手臂放松，腰控制住执拍手臂，手肘自然弯曲放于身体前，非执拍手自然置于体侧，两眼注视来球（图 7-5）。

图 7-5

基本姿势

2. 站位

（1）从站位离台距离来看，快攻和快攻结合弧圈型打法站位稍接近球台，两面弧圈型打法稍离开球台，削球打法离台较远。

（2）从站位相对于台面位置来看，以单面进攻为主打法站位偏反手角度较大，两面进攻打法站位偏反手角度较小，削球打法站位靠近中线（图 7-6）。

图 7-6

站位

7.5.3 正手平击发球技术

站位于正手半台，身体离球台 40~45 厘米，按基本姿势站好；非执拍手按照规则要求持球横向放于身前，执拍手执拍置于非执拍手后，拍形稍前倾；非执拍手抛球，同时执拍手在身体重心和腰的带动下向后上方引拍至体侧（图 7-7）。

图　7-7

正手平击发球技术

1. 技术要点

（1）身体重心和腰的带动持拍手使球拍向前下方挥动，在球下落至球网高度左右，于身体侧前方用拍面中部击球中上部。

（2）击球后随身体转动将球拍顺势挥至身前。

（3）迅速还原成准备姿势。

2. 易犯错误

（1）引拍过程中抛球与引拍节奏把握不准，导致用非正确拍面部位击球或漏球。

（2）击球点过高或过低，导致发球弧线较高或直接失误。

3. 纠正方法

（1）在抛球同时进行引拍，幅度相对较小，拍形相对固定。

（2）击球点保持在球网高度左右，身体重心保持平稳不要有起伏。

7.5.4　正手侧身位转与不转发球技术

站位于侧身位，非执拍手一侧腿在前，执拍手一侧腿在后；身体面向球台端线，两膝弯曲，身体前倾，重心置于非执拍一侧腿上，拍形后仰；非执拍手抛球，同时身体重心在腰和腿的带动下向执拍手一侧腿转换，腰带动执拍手向后偏上方引拍；保持拍形后仰，同时手腕外展打开（图 7-8）。

图　7-8

正手侧身位转与不转发球技术

1. 技术要点

（1）身体重心和腰带动持拍手，使球拍向前下方挥动，在球下落至球网高度左右时，于靠近身体侧前方击球。

（2）当用拍面下半部靠近拍头部分摩擦球的中下部至底部时为转球，当用拍面上半部靠近拍头部分碰球中下部时为不转球。

（3）击球后身体重心、核心区、手腕手指制动，减小随挥距离。

（4）迅速还原成准备姿势。

2. 易犯错误

（1）击球前执拍手肌肉僵硬，引拍到触球过程中，拍形不能充分打开，执拍手不是在重心和腰的带动下运行。

（2）发转球时手腕、手指摩擦不够充分，影响发转球质量。

（3）在发不同旋转时，触球拍面部位区分不开，导致旋转反差不明显。

（4）击球时身体重心压不住弧线，击球点把握不准，缺少核心区、手腕手指无制动。

3. 纠正方法

（1）引拍至触球前保持执拍手放松，在重心和腰的带动下运行。

（2）发转球时加入球拍"兜底"动作，手腕、手指用力充分摩擦球。

（3）区分发转与不转球时在击球拍面部位、击球方式方法的不同。

（4）使动作轨迹尽量平行于台面，重心稳定无起伏，发球后迅速制动还原。

7.5.5　反手转与不转发球技术

站位于反手位，执拍手一侧腿稍在前，非执拍手一侧腿在后；身体斜侧向面对球台，两膝弯曲，身体前倾，执拍手的肩略低于对侧肩，重心置于执拍一侧腿上，拍形后仰。非执拍手抛球，同时身体在腰和腿的带动下向后上方转动，执拍手同时向后上方引拍；保持拍形后仰，同时手腕外展打开（图 7-9）。

图　7-9

反手转与不转发球技术

1. 技术要点

（1）身体重心和腰带动持拍手使球拍向前下方挥动，在球下落至球网高度左右于身体前方击球。

（2）当用拍面下半部靠近拍头部分摩擦球的中下部至底部时为转球，当用拍面上半部靠近拍头部分碰球中下部时为不转球。

（3）击球后身体重心、核心区、手腕手指制动，减小随挥距离。

（4）迅速还原成准备姿势。

2. 易犯错误

基本同正手侧身位转与不转发球技术。

3. 纠正方法

基本同正手侧身位转与不转发球技术。

7.5.6　直拍正手攻球技术

站位于正手半台，身体离球台 50 厘米左右，按基本姿势站好，执拍手侧腿稍在后；腰控制执拍手向执拍手一侧腿方向转动，同时身体重心向执拍手侧腿转换；执拍手侧肩略低于对侧肩，肘关节自然打开，约成90°，拍形稍前倾（图7-10）。

图 7-10

直拍正手攻球技术

1. 技术要点

（1）执拍手侧腿蹬地将身体重心向对侧腿转换，同时腰带动手臂向前上方挥动，在击球瞬间前臂收缩用力，执拍手控制拍形稳定。

（2）在来球上升后期或高点期，在执拍手侧前方用拍面中间偏上部分击球的中上部，以拇指和中指用力为主。

（3）腰带动手臂随挥，将重心转移至非执拍手侧腿上。

（4）迅速还原成准备姿势。

2. 易犯错误

（1）只是执拍手手臂做引拍动作，拍形前倾角度过大，拍头部分上翘。

（2）拇指与中指无法协调用力，食指没有

放松。

（3）击球时不能迎击来球，击球时间晚。

（4）击球只是靠手臂向前推送，回球缺乏弧线调节，稳定性差。

（5）重心交换不充分，动作做不完整，还原慢，连续性差。

3. 纠正方法

（1）提早引拍时间，使执拍手放在身前靠腰的控制引动，肘关节夹角放松打开，拍形保持稍前倾，拍头适当下垂外展。

（2）中指指尖部顶住拍背面，保证持拍的稳定和发力。

（3）挥拍击球时保证击球点在身体的侧前方，使挥拍动作与来球形成合力。

（4）重心交换至非执拍侧腿后，迅速在腰胯的带动下还原进行下一板击球。

7.5.7　横拍正手攻球技术

站位于正手半台，身体离球台50厘米左右，按基本姿势站好，执拍手侧腿稍在后；腰控制执拍手向执拍手一侧腿方向转动，同时身体重心向执拍手侧腿转换；执拍手侧肩略低于对侧肩，肘关节自然打开，约成90°，拍形稍前倾（图7-11）。

图 7-11

横拍正手攻球技术

1. 技术要点

（1）执拍手侧腿蹬地将身体重心向对侧腿转换，同时腰带动手臂向前上方挥动，在击球瞬间前臂收缩用力，执拍手控制拍形稳定。

（2）在来球上升后期或高点期，在执拍手侧前方用拍面中间偏上部分击球的中上部，以食指用力为主。

（3）腰带动手臂随挥，将重心转移至非执拍手侧腿上。

（4）迅速还原成准备姿势。

2. 易犯错误

（1）只是执拍手手臂做引拍动作，拍形前倾角度过大，拍头部分上翘。

（2）执拍手手臂僵硬，肘关节夹角固定打不开。

（3）击球时不能迎击来球，击球时间晚。

（4）击球只是靠手臂向前推送，回球缺乏弧线调节，稳定性差。

（5）重心交换不充分，动作做不完整，还原慢，连续性差。

3. 纠正方法

（1）提早引拍时间，使执拍手放在身前靠腰的控制引动，肘关节夹角放松打开，拍形保持稍前倾，拍头适当下垂外展。

（2）挥拍击球时保证击球点在身体的侧前方，使挥拍动作与来球形成合力。

（3）拍触球后，前臂要随重心的转换和腰胯的转动向前上方收缩，击实来球并制造一定的

弧线。

（4）重心交换至非执拍侧腿后，迅速在腰胯的带动下还原进行下一板击球。

7.5.8 直拍反手推挡技术

站位于反手半台，身体离球台50厘米左右，按基本姿势站好；双脚基本平行，拇指放松，食指和中指用力压住球拍使拍形稍前倾；腰腹控制执拍手，以执拍手肩为轴，屈肘向后使肘关节靠近胸腹部；保持拍形稍前倾状态，重心稳定并稍偏向执拍手侧腿（图7-12）。

图　7-12

直拍反手推挡技术

1. 技术要点

（1）核心区收紧用力，同时顶肘使球拍向前上方推出，击球时手腕、食指和中指压拍发力。

（2）在来球上升后期或高点期，在身前用拍面中间偏上部分击球的中上部。

（3）腰腹控制手臂向前上方推出将动作做完整。

（4）迅速还原成准备姿势。

2. 易犯错误

（1）拇指不放松，导致执拍手肩部僵硬，拍形后仰。

（2）只用手臂推送击球，忽略重心和腰腹的作用。

（3）发力方向不是前上方，导致击球弧线不够，稳定性差。

（4）击球时食指和中指用不上力。

3. 纠正方法

（1）拇指放松，引拍时肩和肘部收至胸腹部。

（2）核心区肌肉收紧，重心保持稳定。

（3）击球时，球拍向前上方有一定的推送距离，制造弧线。

（4）击球瞬间，手腕、食指和中指压拍发力。

7.5.9 横拍反手拨技术

站位于反手半台，身体离球台 50 厘米左右，按基本姿势站好，双脚基本平行；手腕内收，用拇指和食指捏住球拍，拍肩搭在食指与手掌连接的关节处，拍形稍前倾；两肩内旋放松，使执拍手肘部略抬起，球拍横向置于腹前。腰腹控制执拍手，执拍手肩部向身体内转动带动肘部内旋使球拍靠近腹部；保持拍形稍前倾状态，重心稳定并稍偏向执拍手侧腿（图 7-13）。

图　7-13

横拍反手拨技术

1. 技术要点

（1）核心区收紧用力，同时肩部向外转动带动肘部外旋带动前臂向执拍手一侧前上方发力，手腕相对固定，击球时手腕、手背和拇指发力。

（2）在来球上升后期或高点期，在身前用拍面中间偏上部分击球的中上部。

（3）腰腹控制手臂向执拍手一侧前上方拨出，将动作做完整。

（4）迅速还原成准备姿势。

2. 易犯错误

（1）肩部肌肉僵硬，肘部离开身体过远。

（2）肩部无内旋动作，肘部贴近身体，拍头上翘。

（3）击球时，动作向前上方推送，击球点离身体较远。

（4）击球时手腕过于灵活，出现"甩腕"现象。

（5）击球后随挥动作不完整。

3. 纠正方法

（1）肩部放松内旋，使肘部自然离开身体，而不是把肘部架起来。

（2）手腕内收下垂使拍面呈横向稍前倾状态。

（3）引拍动作充分，击球点离身体较近。

（4）击球时手腕相对固定，靠肩部向外转动带动肘部外旋带动前臂挥动。

（5）击球后随挥动作完整，将拍头往执拍手侧前上方打出。

7.5.10 搓球

基本姿势站好，持拍手肩部放松，略低于对侧肩。前臂向后引拍至腹前，手腕稍内收，拍形后仰，重心偏向于执拍手侧腿。球拍向前下方挥动，在来球的高点期或下降前期用拍面的下半部摩擦球的中下部（图7-14~图7-16）。

图 7-14

图 7-15

图 7-16

搓球

1. 技术要点

（1）击球时前臂带动手腕、手指用力，手腕相对固定。

（2）横拍以拇指和手背用力为主，直拍用食指和中指发力，顺势向前下方挥出并制动。

（3）迅速还原成准备姿势。

2. 易犯错误

（1）引拍幅度过大，拍形过平或过立。

（2）击球时用力摩擦不集中，靠手臂推送。

（3）手腕过于灵活，击球稳定性差。

3. 纠正方法

（1）引拍幅度适中，既保证有一定的发力距离，又能使击球在可控范围之内。

（2）拍触球后，前臂带动手腕、手指集中用力摩擦，体会用"寸劲"的感觉，手腕相对固定，切勿甩腕。

7.5.11 主要步法

1. 单步

（1）单步是以一只脚为轴，另一只脚向前后左右不同的方向移动。

（2）当移步完成时，身体重心也随之落到移动脚上，然后再挥臂击球。

2. 跨步

（1）跨步是以一只脚向前、后或左、右的不同方向跨出一大步，身体重心随即移到摆动脚上。

（2）另一只脚也迅速地滑动半步跟进，然后挥臂击球，大多时候，手脚几乎同时动，跨步脚落地的同时，完成击球动作。

3. 跳步

（1）跳步是以来球异方向的脚用力蹬地为主，使两脚同时或几乎同时离地向来球的方向跳动。

（2）蹬地用力大的脚先落地，另一脚跟着落地，然后挥臂击球。

4. 并步

（1）移动方法基本和跳步相似，只是不做腾空的跳动。

（2）移动时，先以来球异方向的脚向同方向的脚并一步，然后同方向的脚再向来球的方向移动一步。

5. 交叉步

（1）交叉步以靠近来球方向的脚作为支撑使远离来球的脚迅速向前后或左右不同的方向跨出一大步。

（2）作为支撑的脚迅速跟着前脚的移动方向再迈一步。

主要步法

7.5.12 左推右攻

1. 技术要点

（1）正手攻球站位右半区，引拍时，身体略右转，重心在右脚。

（2）前臂在身体的带动下横摆，适度引拍，前臂自然弯曲，肘关节约为120°，拍形与台面垂直或稍前倾，手腕自然放松，球拍呈半横状或横状。

（3）击球时，身体略左转，带动手臂向前挥拍迎球，前臂收缩，在来球的上升期或高点期击球的中上部。

（4）球出手后因惯性作用，手挥至身体中线或稍左侧，重心过渡到左脚。

（5）随后并步或滑步到左半区，使用反手推挡，直拍推挡时上臂尽量靠近身体，肘关节屈，在90°左右，拍形垂直或稍前倾。

（6）球拍适当向后引拍，然后向前推出，在来球上升期或高点击球中上部。

（7）横拍拨球时手臂向前稍伸出，肘关节屈并稍内收，前臂横于身前，位于台面上，几乎与地面平行，拍形稍前倾，在来球的高点或上升期手臂向右前上方挥出，击球中上部。

左推右攻

2. 易犯错误

（1）脚步与手上动作脱节，重心转换不充分。

（2）引拍不充分，动作不完整。

（3）正反手衔接不够迅速顺畅。

3. 纠正方法

（1）提前熟练脚步与手上动作的配合，正反手转换靠腰的控制带动持拍手在台面上方和身前进行。

（2）脚步移动的同时引拍转移重心，脚下站稳之后稳定地将球攻出或推出。

（3）核心区肌肉收紧，保证衔接迅速顺畅。

7.5.13 推侧扑

1. 技术要点

（1）站反手位反手推挡时手臂向前稍伸出，肘关节屈并稍内收，前臂横于身前，位于台面上，几乎与地面平行，拍形稍前倾。

（2）在来球的高点或上升期手臂向右前上方挥出，击球中上部。

（3）两脚蹬地，滑步或跳步到侧身位，身体重心右移，击球时，身体略左转，带动手臂向前挥拍迎球，前臂收缩，在来球的上升期或高点期击球的中上部。

（4）随后采用交叉步到正手位，移动的同时引拍，脚落点身体重心压实的同时正手攻拉。

（5）最后滑步到正手位。

2. 易犯错误

（1）侧身位置不好，侧身不到位，侧身太过，影响击球时机和攻球的准确性。

（2）侧身后重心不稳，无法稳健、准确的击球。

（3）扑球时不能有准备的击中球，交叉步后重心起高，无法进行后续衔接。

3. 纠正方法

（1）强调动作要领，训练侧身步法和交叉步，保持重心稳定。

（2）根据来球的速度和落点调整侧身步的位置。

（3）扑球时重心压在左腿，蹬地后两脚快速站稳，以保证击球的稳定性。

推侧扑

7.5.14 完整技术展示

完整技术展示

7.6 乒乓球项目课后练习与训练计划制订

7.6.1 颠球课后练习

颠球练习是锻炼手感的一种很好的方法，练习时首先练习原地颠球，然后练习颠球慢走。原地颠球时将球拍平放于体前，另一手将球轻轻抛起，当球下落接近球拍时，用球拍轻轻向上颠球，反复进行。颠球时要注意握拍的力量及颠球的力量。此项练习可在课间休息、周末休息时，随时随地进行。

7.6.2 发球课后练习

上台多球练习以徒手挥拍练习形成的动作条件反射为基础，在练习初期强调在发球前充分做好准备，发球时做动作完整流畅，提高击球命中率，不强求发球质量。待发球命中率较高、技术动作正确稳定时，加强击球质量，使球弧线较低且长、速度较快、落点相对稳定。一般先练习发斜线，后练习发直线。

发球练习时间可以安排在每次训练课末5~10分钟，50颗球为1组，练习2组，每周练习2~3次。随着练习的深入，不断增加发球的种类和方式。

7.6.3 攻球课后练习

1. 多球练习

教师发定点上旋球，练习初期使供球的落点稳定、弧线适中、力量柔和、节奏较慢，让学生熟练动作，体会击球感觉，掌握打斜线和直线的能力。待学生动作正确稳定后，加快定点供球速度和节奏，提高连续击球能力。待定点正手/反手攻球基本过关后，进行移动正手/反手攻练习。

2. 对攻练习

先进行正手/反手位定点斜线对攻，速度、力量适中，弧线稳定，当能连续打到一定板数后，可要求提高击球质量。在掌握斜线对攻练习的基础上再进行直线练习。当定点对攻练习达到一定水平后进行走位攻练习。

单球对攻训练一般为一人加力攻，一人减力挡，两人互相攻到对方的斜线，尽可能保证多板数的回合。练习时间为每人 10 分钟，每次 1~2 组，每周练习 3~4 次。

7.6.4 搓球课后练习

1. 多球练习

练习初期的供球以不太转的下旋球为主，节奏较慢，让学生熟练动作，体会击球感觉，先练搓斜线，后练直线。待动作基本掌握后，可加快供球频率，练习搓不同旋转程度的来球，注意拍形的调节。后期加入发球落点变化，提高对不同落点来球进行回搓的取位能力。

2. 单球练习

由辅练方发球，主练方进行搓一板球练习。熟练后，进行连续对搓练习。前期练习强调多回合，积累手上感觉。待手感建立后，可练习搓加转球。单球对搓，由两人在反手位互相慢搓球给对方，两人共同练习。

搓球练习一般为 50 个板为 1 组，每次 2~3 组，每次练习时间 15 分钟为宜，每周练习 2~3 次。

7.6.5 步法课后练习

快速的步法与协调性是乒乓球项目的重要组成部分，在技术训练中，结合多球或单球的组合技术，都能很好地训练到乒乓球技术中的各种步法。

（1）利用绳梯进行小碎步、跨步等练习（30 秒 ×3 组）。

（2）摸球台的两大角练习滑步（30 秒 ×3 组）。

（3）利用球台的四个点进行前后步法练习（30 秒 ×3 组）。

（4）步法练习每周练习 2~3 次。

7.6.6 左推右攻课后练习

多球练习：根据技术训练的任务和个人的实际水平，给出适宜的球速和落点。一人发球，一人练习左推右攻，每个半区分别供球一次，重复进行。100 颗球为 1 组，每次 2~3 组，每次 20 分钟。

单球练习：一人练习，练习者正手攻直线，反手推挡斜线到陪练者的反手位，陪练者交替回球到练习者的右半区和左半区。

两人互练：一人正手攻、反手推挡直线，另一人攻斜线，两人同时进行左推右攻练习。

练习时间每人 10 分钟 1 组，每次 2 组，交替进行，每周练习 3~4 次。

7.6.7 推侧扑课后练习

多球练习：根据技术训练的任务和个人的实际水平，给出适宜的球速和落点。一人发球一人练习推侧扑。左半区供球两次，右半区供球一次，注意刚开始练习时速度不宜过快，落点不宜过大。90 颗球为 1 组，每次 2~3 组，每次 20 分钟。

单球练习：练习者反手推挡到陪练者反手位，陪练者反手拨到对方反手位或中路位，练习者随后侧身攻拉到对方反手位，陪练者反手拨到对方正手位，练习者侧身扑正手直线到对方反手位，陪练者反手拨到对方反手位，重复进行。练习时间每人 10 分钟一组，每次 2 组，交替进行，每周练习 2~3 次。

7.6.8 乒乓球技术训练计划示例（45 分钟）

准备部分：由一般准备活动和专门准备活动两个内容组成。一般准备活动需连续进行 10 分钟左右，每分钟心率达到 110~150 次。结合专项的需要做一些专门准备活动，如挥拍练习和步法练习等，使学生从生理、心理和技术上做好必要准备。

基本部分：其内容从单个技术到结合技术，从手法到步法结合。由简单到复杂递进，前期安排多球训练计划，2 人 1 组进行 30 分钟的互相发多球练习，逐渐掌握正手攻球，反手攻球，搓球等基本技术；中期安排 2 人 1 组 25 分钟的对攻练习，正手对攻，反手对攻，互搓练习，随后进行 5 分钟的发球练习，其间穿插多球的组合练习，如正手两点攻、左推右攻、2/3 台走位攻、推侧扑等组合技术；后期课上安排 20 分钟的单球组合练习，1 人主练，1 人陪练，主练方进行正手两点攻或左推右攻到陪练方的反手位，练习完毕后再安排 10 分钟的升降台比赛练习。

结束部分：可做一些积极的放松恢复练习，

促进机体的迅速恢复。

7.6.9 一周训练计划示例

1. 周三

（1）准备活动：热身跑 5 分钟，拉伸韧带、关节操 5 分钟。

（2）专项练习：发球、攻球、搓球练习，每种技术各练习 10 分钟。

（3）素质练习：腹肌、背肌练习。

（4）放松练习：拉伸、整理活动 5 分钟。

2. 周五

（1）准备活动：热身跑 5 分钟，拉伸韧带、关节操 5 分钟。

（2）专项练习：发球、攻球各完成 10 分钟；左推右攻 10 分钟。

（3）素质练习：原地高抬腿、俯卧撑练习。

（4）放松练习：拉伸、整理活动 5 分钟。

3. 周日

（1）准备活动：热身跑 5 分钟，拉伸韧带、关节操 5 分钟。

（2）专项练习：左推右攻 10 分钟；推侧扑练习 10 分钟。

（3）素质练习：1500 米变速跑练习。

（4）放松练习：拉伸、整理活动 5 分钟。

7.7 安全注意事项

7.7.1 检查自己的身体情况

在训练前，学生首先要了解自己的身体状况，随时注意身体功能状况变化，若在上课过程中出现不良症状要及时向教师反映情况，以便教

师以最快速度采取必要的保健措施。有相关疾病
的学生，应提前告知教师。在训练中，教师也
要强调安全注意事项，并实时关注学生的一举
一动。

7.7.2　检查场地和器材

教师在乒乓球训练前要认真检查乒乓球场地
和运动器材，消除存在的安全隐患。要时刻注意
场地中的不安全因素，如场地是否存在凹陷，检
查乒乓球场地设施是否牢固安全可靠，相关器材
是否备齐等。

7.7.3　做好热身活动

运动前不重视准备活动或做得不充分、不正
确、不科学，会导致出现运动损伤。由于准备活
动不充分，肌肉、内脏、神经系统机能不兴奋，
肌肉供血量不足，在这样的身体状态下进行乒乓
球练习，会出现动作僵硬、不协调等症状。

7.7.4　运动装备

学生在进行乒乓球训练时，应穿着合适的运
动服装、运动鞋，不要佩戴各种带金属或玻璃的
装饰物。

7.7.5　掌握正确动作要领

在乒乓球教学与训练中，学生应认真听讲，
了解和掌握动作要领及方法，从而确保自己在运
动过程中发挥好技术动作，增强自信心，最终达
到练习的目的。

7.7.6　正确使用器材

要了解、熟悉并掌握器材的性能、功能及使
用方法。要严格遵守相关操作规程，比如在课间

休息过程中不要坐在乒乓球台上，不要在乒乓球
场地中嬉戏打闹等。

7.7.7　运动负荷要适当

教师应根据学生的身体素质条件，选择合适
的运动负荷进行训练，并在之后的课程中循序渐
进，由易到难，从小到大。运动负荷太小，对身
体无法起到锻炼作用；而运动负荷过大，会损害
学生的身体。

7.7.8　认真做放松

课后的放松目的是让学生们紧张的肌肉以及
状态恢复到正常，通过相关动作使学生心率逐渐
恢复平静。

7.7.9　检查运动反应

如果学生在课后普遍感到疲劳，四肢酸沉，
且出现心慌、头晕，说明本堂课的运动负荷过
大。因此，教师应该加强课后的放松活动，并要
提醒学生好好休息。下堂课要适当降低负荷，以
免学生产生疲劳性损伤。

7.7.10　适当补充能量

乒乓球训练会消耗大量的能量，在课后（课
前也应适当补充能量）要求学生不要挑食，保证
身体的需要，确保后续身体的恢复。当然在课后
5～10分钟应及时补充水分，但不可过多，大量
饮水会使胃部膨胀充盈，妨碍膈肌活动，影响呼
吸；血液的循环流量增加，会加重心脏负担。

第 8 章 羽 毛 球

8.1 羽毛球项目简介

羽毛球是一项灵活、快速、多变的球类体育项目，也是一项在全球非常受欢迎的运动，以其独特的魅力和广泛的参与度在全球范围内享有盛誉。羽毛球比赛在长方形的场地上进行，场地中间有隔网，双方使用球拍在场地两边轮流击球，运用各种发球、击球和移动等技战术，将球在网上往返对击，目标是将羽毛球击向对手场地，使其落在有效区域内，同时防止对手将球击回。羽毛球比赛分为团体赛和单项赛，单项赛又分为男单、女单、男双、女双和混双。比赛通常采用三局两胜制，每局 21 分，率先得到 21 分的一方获胜。每局打到 20∶20 时，一方要领先 2 分即算该局获胜，比分并非无限延长，先取得 30 分者则为胜方。

8.2 羽毛球项目的发展

近年来，羽毛球在全球范围内的普及程度不断提高，越来越多的国家和地区参与到羽毛球运动中来，现在已经成为一项全球性的运动。羽毛球每年都有众多的国际赛事，吸引了数以百万计的观众和参与者。羽毛球不仅是一项竞技运动，还是一项适合大众人群的健身活动。羽毛球是我国的传统优势项目之一，长期以来，我国运动员在国际重大赛事上取得了无数辉煌成绩，为国家争得了荣誉，不仅促进了国内羽毛球运动的发展，也为全球羽毛球运动的发展提供了借鉴和学习的机会。

羽毛球的发展呈现出积极向上的态势，相信它将继续在全球范围内发展壮大，国际赛场的影响力不断提升，成为更多人热爱和追逐的运动项目。

8.3 羽毛球项目的特点与作用

羽毛球是一项备受广大人民群众喜爱的体育运动。根据国家体育总局统计，羽毛球是当前仅次于快走的中国第二大体育运动。羽毛球职业比赛需要球员快速反应、脚步灵活、动作合理，对体力、技术和脑力都有很高的要求。在业余比赛中，速度不快，进行双打的人比较多，可以体现出良好的配合，是一种非常好的社交方式。

8.3.1 羽毛球项目的特点

1. 速度快

羽毛球项目是一项快速的、高强度的运动，比赛节奏非常快，球速方面尤其明显。比赛中需要快速反应、迅速移动、快速出球、快速进攻等，因此出色的身体素质非常重要。

2. 训练积累

羽毛球项目不同于其他项目，不能以赛代练。每一次比赛都是对体力、精力和脑力极大的消耗，必须通过平时科学的大运动量训练去积累各方面的能力。羽毛球运动出成绩周期性很长，需要至少10年的训练积累，所以羽毛球运动员很少有年少成名的案例。

3. 技术多样性

羽毛球项目包含了多种技术，如发球、接发球、扣杀、挑球、拉球和放网等。运动员需要掌握多种不同的击球技术，并在比赛中准确地运用。

4. 高度的精准性

羽毛球的比赛场地狭小，运动员需要通过高度准确的击球来进行战术进攻和防守。精准性是取得胜利的重要因素之一。

5. 身体耐力和协调性

羽毛球比赛持续时间较长，运动员需要具备良好的身体耐力和协调性，以应对长时间的体力消耗。

6. 站位和控制

羽毛球比赛中，控制比赛场地的站位非常重要。运动员需要合理站位、协调移动，以保持对比赛的掌控力。

8.3.2 羽毛球项目的作用

1. 促进身体健康

羽毛球是一项需要速度、耐力、灵活、反应、协调相配合的运动项目，它激发了人们对健康的追求与热情。它是全身参与的运动，可以综合性地锻炼身体，从而增强体质。

2. 提高心肺功能

打羽毛球是一项非常好的有氧运动，需要不断地跑动、跳跃和挥拍，能够提高体内氧气的吸收量，增强肺活量。

3. 提高视力

打球时眼睛需要跟着球转，球到哪儿眼到哪儿，忽高忽低、忽远忽近，增加睫状肌的舒缩能力，能更好地调节晶状体的曲度，预防近视和远视。

4. 锻炼肢体肌肉

打羽毛球时的背部、上肢、下肢、腰腹等肢体肌肉都能得到很好锻炼，能增强肌肉力量和肌肉耐力。

5. 改善睡眠质量

打羽毛球能够让人放松身心，舒缓压力，促进睡眠，提高睡眠质量。

6. 愉悦心情

打羽毛球能够产生身心愉悦感，获得内心的平静与安宁，从而享受羽毛球带来的精神快乐。

羽毛球的特点和作用非常多，不但具有很强的健身作用，还有很强的趣味性和娱乐性，可以让人们在紧张的学习和生活中得到放松。我们应鼓励更多的青少年参与到羽毛球运动中来，从而享受这项运动带来的快乐。

8.4 羽毛球项目对青少年的训练和教育意义

8.4.1 羽毛球项目对青少年的训练意义

1. 提高身体素质

羽毛球是一项全身性的运动项目，青少年经常参与羽毛球运动，可以全面提高他们的各项身体素质，使身体更加强壮。同时可以促进青少年的生长发育，有助于身高的增长。

2. 提高灵敏度和反应速度

羽毛球速度快，球员需要根据对手的动作幅度和球的速度来判断球的落点，并迅速做出反应，这有助于提高青少年的反应速度和灵敏度。

3. 提高免疫力

羽毛球是一项有氧运动，通过打球出汗促进人体的新陈代谢，增强体质，帮助身体抵抗疾病和感染，有助于提高青少年的免疫力。

4. 提高智力

打羽毛球是讲究战术、讲究用脑的，需要手、脚、眼、脑之间的密切配合，需要敏捷的反应和当机立断的行动。青少年经常打羽毛球，可以提高大脑和身体的反应能力，开发智慧去不断赢球。

5. 促进心理健康

青少年正处于身体和心理两方面发育的重要阶段，在各方面都不够成熟，因此会面临着一些压力和问题。一场球下来，大汗淋漓，尽情挥拍的同时可以让青少年发泄心中的烦闷，改善自身忧虑心情，从而感受到运动带来的轻松和愉悦。

8.4.2 羽毛球项目对青少年的教育意义

1. 培养团队合作精神

在双打比赛中，球员之间需要默契配合，做到思想与行动统一，身心合一才能够取得最终的胜利。在团体比赛中，每一场单项比赛都至关重要，要求每一名球员都具备责任感，相互支持、相互鼓励，一分一分地去拼搏，最终换来团队的胜利。

2. 提高抗压能力

羽毛球每一项技术都要求长时间反复磨炼，需要付出艰辛与努力，每一阶段都可以明显体会到进步，这对青少年增强自信心及克服困难的决心和勇气有非常大的帮助。而比赛中偶尔的输球可以让青少年更早地接受挫折教育，提高学习和生活中的抗压能力。

3. 培养自律性和责任感

在羽毛球练习和比赛过程中，青少年要保持良好的纪律性和自觉性，严格遵守竞赛规则，严格按训练计划刻苦训练，不断提高自己的技术水平。学习羽毛球还会培养青少年的责任感，自觉遵守队里的规定，保持团队的荣誉感和形象。

4. 培养意志品质

羽毛球对体能要求很高，技术也需要坚持不懈地长期训练，比赛中还需要具备拼搏精神，这对于培养青少年的意志品质和毅力非常有帮助。

5. 促进社会交流

青少年在平常的玩耍中可以球会友，在赛场上互相尊敬、互相欣赏，打一场球，交一位朋友。羽毛球不但可以增强人与人之间的交流和沟通，还可以建立良好的社会关系。

羽毛球是我国的传统优势项目，也深受广大青少年的喜爱。我们要在平时的教学、训练和比赛中落实好素质教育，要提炼优秀的体育精神内涵，学习优秀羽毛球运动员的先进事迹，让青少年从中获得顽强拼搏、团结协作、无私奉献、为国争光的优秀品格。青少年要挥动起球拍，从羽毛球中获得更多的健康与快乐。

8.5 羽毛球基本技术

8.5.1 正手握拍

正手握拍是羽毛球运动最基本的握拍方法，几乎适合各种打法，尤其适合初学者使用。正手握拍一般用于身体右侧的正手正拍面击球及头顶后场击球（图 8-1）。

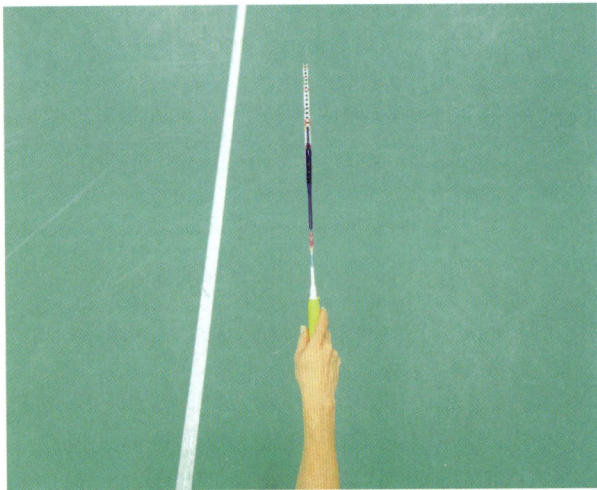

图 8-1

正手握拍

1.技术要点

（1）握拍之前，先用左手拿住球拍，使拍框与地面垂直。

（2）张开右手，使手掌下部靠在球拍的握柄底托部位，虎口对准中杆和握柄连接处左侧的棱。

（3）小指、无名指、中指自然并拢，食指与中指稍稍分开，自然弯曲，手呈握手状放松地握在拍柄上。

2.易犯错误

（1）握拍手的虎口没有对准中杆和握柄连接处左面的拍棱。

（2）握拍时手指靠得太近，像是握拳头。

（3）掌心与拍柄之间完全没有间隙。

（4）食指伸直按在拍柄上。

（5）握得太紧以至于手腕僵硬。

（6）握的位置太靠上，柄端露出太长。

3.纠正方法

（1）将持拍手虎口对准左侧拍棱，左手拿住球杆，使拍面与地面垂直，持拍手虎口对准左侧斜棱进行握拍。

（2）逐渐增加握拍的速度与次数，提高熟练程度与准确性。

（3）注意握拍时放松，握拍位置不宜太靠前。

（4）握好拍后拍面垂直地面，虎口与手腕朝前。

8.5.2 反手握拍

反手握拍是指在击反手球时使用的握拍方法。在处理反手球、防守和调整球路等方面具有重要作用，需要特别练习和掌握（图 8-2）。

图 8-2

反手握拍

1. 技术要点

（1）反手握拍拇指向上，食指向下，拇指完全顶在拍柄的正侧面。

（2）拇指前内侧部位贴在拍柄的宽面部位，食指与中指、无名指、小指并拢。

（3）手心与拍柄之间有一定的间隙，这种握拍法有利于手腕力量和手指力量的灵活运用。

2. 易犯错误

（1）大拇指没有完全平行按压在宽侧拍面上，呈侧向按压。

（2）大拇指两个关节完全贴紧拍柄。

（3）握拍过紧，掌心完全贴紧拍柄。

（4）大拇指位置在食指与中指后。

3. 纠正方法

（1）练习大拇指按压的准确性，可以通过竖直大拇指的方式进行练习。

（2）大拇指第一关节处接触拍柄，第二关节空出，掌心自然空出。

（3）通过练习大拇指向前按压，后四指向后按压的方式进行练习，感受大拇指主要发力。

正手握拍和反手握拍非常重要，通过掌握握拍的技术要点，达到更加合理的握法，可以帮助我们更加合理有效地击打羽毛球。

8.5.3 正手挑球

正手挑球技术可以帮助球员精准掌握正手发力与击打下手球，放慢比赛节奏，以达到攻防转换的效果（图 8-3、图 8-4）。

图 8-3

图 8-4

正手挑球

1. 技术要点

（1）用正手握拍方法，灵活运用手腕，原地把球向后场挑去。

（2）以肩、肋为轴心，前臂外旋带动手腕伸腕在身体的右前下方做半弧形引拍动作。

（3）当拍面击球瞬间前臂迅速内旋并带动手腕向前上方展腕发力击球。

（4）右脚向右前方45°做弓箭步，脚尖外展，抬头挺胸，重心在两腿之间。

2. 易犯错误

（1）正手握拍错误，导致拍面朝下，击球时易下网。

（2）手腕没有任何的外展动作。

（3）引拍幅度过大，大臂参与发力过多。

（4）发力顺序错误，从右至左发力，导致球向左前方飞行。

（5）击打球后手心向上，导致球只高不远，向上飞行。

3. 纠正方法

（1）合理运用正手握拍，拍面向上倾斜10°～15°。

（2）手腕做充分的外展和向前快闪动作，感受小臂带动手腕手指发力。

（3）发力顺序应从后向前上方发力，手腕内旋发力将球击出。

8.5.4 反手挑球

反手挑球技术可以帮助球员精准掌握反手发力与击打下手球，放慢比赛节奏，以达到攻防转换的效果（图 8-5、图 8-6）。

图 8-5

图 8-6

反手挑球

1. 技术要点

（1）用反手握拍方法，灵活运用手腕，原地把球向后场挑去。

（2）以肩、肋为轴心，小臂自然向后引拍，手腕做出横动引拍动作。

（3）充分利用拇指的顶力将球击出反拍面。

（4）右脚向左前方45°做弓箭步，脚尖外展，抬头挺胸，重心在两腿之间。

2. 易犯错误

（1）反手握拍错误，拇指斜顶在拍棱上，掌心完全贴紧拍柄。

（2）没有使手腕横动，而是手腕上下摆动，大臂、小臂过于紧张。

（3）引拍幅度过大，大臂参与发力过多。

（4）发力顺序错误，从左至右发力，导致球向右前方飞行。

（5）击打球时，手腕、手指没有外旋发力，单一的向上发力，导致球只高不远。

3. 纠正方法

（1）合理运用反手握拍，拍面向上倾斜10°～15°。

（2）保持手腕横向动作，大臂小臂自然微曲，将拍置于右腿大腿内侧面。

（3）发力顺序应从后向前上方发力，手腕横动发力将球击出，同时收拍至身体正前方，呈竖"大拇指"的动作。

8.5.5 正手发高远球

正手发高远球技术是以正拍面将球击得又高又远，使球飞行到对方的端线上空后突然改变其方向，呈垂直下落至端线附近的一种发球技术。正手发高远球可以帮助球员精准掌握正手发力，放慢比赛节奏，以获得更充分的准备时间（图8-7～图8-9）。

图 8-8

图 8-9

正手发高远球

1. 技术要点

（1）站在距离前发球线1.5米左右的距离，双脚紧贴中线，双脚与肩同宽，呈丁字步自然开立。重心放在后脚，侧身转体90°。左手半握拳轻轻握住羽毛杆，双手自然抬起。

（2）发球时，身体向左旋转，持拍手手腕向后，当转体到45°时将左手的球松开，持拍手从右下后方，完成引拍动作。

（3）持拍手手腕快速闪动将球击出，引拍完

图 8-7

成后，击球点在右下侧方 45° 的位置，同时身体转正，右脚跟提起。

（4）右前臂完成向侧下方挥动后，紧接向左上方挥动，击球瞬间手指握紧球拍，完成闪腕动作，球拍击到球时拍面成正拍面击球，完成挥拍击球动作。同时身体转正，手臂有一个从右下到左上的连带动作。

2. 易犯错误

（1）两脚未呈"丁字步"站立，脚尖指向错误。

（2）两脚距离太近，重心置于前脚。

（3）放球时球头转动，导致击球点不准确、漏球和击打球毛等现象。

（4）没先放球再转体挥拍，而是先挥拍再放球。

（5）手臂没有向前上延伸，手腕没有做外展和快闪的动作，提前收肘，导致球只高不远。

（6）击打完球后右脚脚跟没有抬起，没有转正身体。

（7）挥拍路线不正确，出现横扫，致使出球弧度太低。

3. 纠正方法

（1）左手拇指食指中指持球托与球杆接触部分，发球时三指自然张开，使球头自然下落。

（2）放球后，转踝转胯大臂带动小臂，小臂带动手腕由右侧下方至右侧前上方挥拍击球，随后收拍至左上方连带动作，并且应保持手腕没有任何角度动作。

（3）身体重心应由下至上发力。

（4）多做正确挥拍路线的慢动作挥拍练习，逐渐过渡到正常速度的挥拍练习。

8.5.6 正手击高远球

正手击高远球技术可以帮助球员精准掌握正手发力与击打上手球，放慢比赛节奏，打乱对手连续进攻节奏（图 8-10 ~ 图 8-12）。

图　8-10

图　8-11

图　8-12

正手击高远球

1. 技术要点

（1）侧身转体 90°，手臂抬起，大臂抬平，持拍手手腕不能有任何角度，大小臂间夹角为 45° 左右。

（2）当球下落到一定的高度时，开始转体做引拍动作，手肘上抬，小臂后倒，手腕向下展引拍，以肩为轴做回环动作。

（3）击球时前臂急速快闪并带动手腕加速向前上方挥动，用正拍面将球击出。击球点在头顶正上方偏前 5～10 厘米处。

（4）右手随击球后的惯性向左前下方挥动，顺势收回至体前，成接球前的准备姿势。

2. 易犯错误

（1）侧身转体不充分，脚尖指向错位，导致击球方向错误。

（2）右肘过低，导致准备动作内夹。

（3）击打球时，向后倒拍过于紧张，手指手腕没有放松，导致击球时易切拍。

（4）击球点过低，导致球只远不高。

（5）引拍动作不充分，手腕闪动不快速，导致击球不到位。

（6）击球时拍面不正，导致球向两侧偏出。

3. 纠正方法

（1）多做原地架拍、引拍、挥拍、收拍分解练习。

（2）单独分解引拍、挥拍动作，感受手腕闪动，放松发力过程，击正拍面。

（3）将击球点置于头顶正上方 5～10 厘米

处，勿将击球点放低。

（4）击打完球后身体转正正对球网，手臂向直线挥出一段距离后收至左下方。

8.5.7 正手搓球

正手搓球技术可以帮助球员精准掌握击球节奏与近网球处理，争取主动进攻的机会（图 8-13）。

图 8-13

正手搓球

1. 技术要点

（1）正手握拍，右手积极向前伸出，握拍手腕和手指自然放松。

（2）上网步法要快，左脚蹬地右脚向网前跨成弓箭步，侧身对右侧球网，重心在右脚。

（3）击球时，手腕稍外旋，拍面与球网成斜面向前，在空中将球包住。

（4）用拍面切击右侧球头，形成搓状。

（5）用手指控制好拍面，将球送出。使搓送出的球尽可能贴网而过，球呈不规则旋转翻滚过网。

（6）也可以腕部由收腕至展腕闪动，带动手指离网"提拉"，搓击球头侧底部，球呈上旋翻滚过网。

2. 易犯错误

（1）握拍过于紧张，大臂参与发力，找不准球头，手指手腕不放松。

（2）起动上网步法过慢，没有积极向前伸拍抢高点。

（3）手腕没有外旋或内旋，没有"切削"或"提拉"，直上直下地发力导致击球过于僵硬。

（4）引拍幅度过大，回击球过高或过远，导致对对手威胁不大。

3. 纠正方法

（1）握拍自然放松，掌心须空出一定空间，减少大臂参与发力过程，感受手指手腕发力。

（2）起动时左脚内侧脚掌主动蹬地发力，同时右腿迈大步向前积极抢高点。

（3）在展搓和收搓时，感受手腕从内向外或者从外向内的发力顺序。

（4）可原地进行搓球练习，合理掌握击球时机与力量控制，让球尽可能地贴网而过。

8.5.8 反手搓球

反手搓球技术可以帮助球员精准掌握击球节奏与近网球处理，争取主动进攻的机会（图 8-14）。

图 8-14

反手搓球

1. 技术要点

（1）反手握拍，右手积极向前伸出，握拍手腕和手指自然放松。

（2）上步要快，左脚蹬地右脚向网前跨成弓箭步，侧身对左侧球网，重心在右脚。

（3）击球时，前臂稍外旋，拍面与球网成斜面，在空中将球包住。

（4）用拍面切击左侧球头，形成搓状。

（5）用手指手腕控制好拍面，将球送出。使搓送出的球尽可能贴网而过，球呈不规则旋转翻滚过网。

（6）也可以将腕部由从右展腕至向左展腕，带动手指离网"提拉"，搓击球头侧底部，球呈上旋翻滚过网。

2. 易犯错误

（1）握拍过于紧张，大臂参与发力，找不准球头，手指手腕不放松。

（2）起动上网步法过慢，没有积极向前伸拍抢高点。

（3）手腕没有外旋或内旋，没有"切削"或"提拉"，直上直下地发力导致击球过于僵硬。

（4）引拍幅度过大，回击球过高或过远，导致对对手威胁不大。

3. 纠正方法

（1）握拍自然放松，掌心须空出一定空间，减少大臂参与发力过程，感受手指手腕发力。

（2）起动时左脚内侧脚掌主动蹬地发力，向左前方迈出，同时右腿迈大步向前积极抢高点。

（3）在展搓和收搓时，感受手腕从内向外或者从外向内的发力顺序。

（4）可原地进行搓球练习，合理掌握击球时机与力量的控制，让球尽可能的贴网而过。

8.5.9　正手勾对角

正手勾对角技术可以帮助球员破坏对手的节奏，使对手二次起动或失去重心，以获得主动的进攻或得分机会（图 8-15、图 8-16）。

图　8-15

图　8-16

正手勾对角

1. 技术要点

（1）用正手握拍，用并步加蹬跨步上右网前，球拍随前臂往右前斜上举。

（2）右臂前伸时稍有外旋，后做手腕内旋的动作同时收小臂。

（3）手腕内旋的角度和收小臂的幅度需要根据来球的角度做出调整。做出"立腕沉肘"挥拍拨击球托的右侧下部，使球向对方右侧网前过网坠落。

2. 易犯错误

（1）握拍太紧张，导致击球时手指手腕不放松，大臂参与发力。

（2）伸拍击球时，球拍与球的距离太近，没有向右侧外旋手腕，导致没有空间做手腕内旋和收小臂的动作。

（3）球拍接触到球时没有"立腕沉肘"竖直拍面，拍面向上，导致球向上飞行，弧度过高。

（4）拍面过于垂直球网，击球时球平行飞行而不是向对角线飞行，导致球不过网。

3. 纠正方法

（1）握拍自然放松，掌心须空出一定空间，减少大臂参与发力过程，感受手指手腕发力。

（2）伸拍击球时，应主动向右侧外旋和后展手腕，留出挥拍击球空间。

（3）球拍接触到球时"立腕沉肘"竖直拍面，并且向左前方做细微的倾斜。

（4）球拍向左斜下收，可想象肘向自己腹部靠拢。

8.5.10　反手勾对角

反手勾对角技术可以帮助球员破坏对手的节奏，使对手二次起动或失去重心，以获得主动的进攻或得分机会（图 8-17、图 8-18）。

图　8-17

图　8-18

反手勾对角

1. 技术要点

（1）基本与正手勾对角相同，不同的是反手勾对角是运用正手握拍，用并步加蹬跨步上左网前，球拍随前臂往左前斜上举。

（2）来球过网时，肘部突然下沉做手腕前伸的动作，同时手腕外旋并收小臂。

（3）手腕外旋的角度和收小臂的幅度需要根据来球的角度做出调整。做出"立腕沉肘"挥拍拨击球托的左侧下部，使球向对方左侧网前过网坠落。

2. 易犯错误

（1）握拍太紧张，大拇指按压在宽侧面，导致击球时手指手腕不放松，大臂参与发力。

（2）伸拍击球时，球拍与球的距离太近，没有向左侧前伸手腕，导致没有空间做拉收沉肘动作。

（3）球拍接触到球时没有"立腕沉肘"竖直拍面，拍面向上，导致球向上飞行，弧度过高。

（4）拍面过于垂直球网，击球时球平行飞行而不是向对角线飞行，导致球不过网。

3. 纠正方法

（1）握拍自然放松，掌心须空出一定空间，减少大臂参与发力过程，感受手指手腕发力。

（2）伸拍击球时，应主动向左侧前伸小臂的动作，留出挥拍击球空间。

（3）球拍接触到球时"立腕沉肘"竖直拍面，并且向右前方做细微倾斜。

（4）同时球拍向右斜下收，可想象肘向自己腹部靠拢。

8.5.11　正手吊球

正手吊球技术可以帮助球员保持连续下压，占据主动进攻机会，迫使对手向上起球，自己获得主动进攻或得分机会（图 8-19、图 8-20）。

图 8—19

图 8—20

正手吊球

1. 技术要点

（1）合理运用正手握拍，击球前，身体先半侧对球网，左脚在前，左脚尖跷起，右脚在后。

（2）重心自然落在右脚掌上，右手采用正手握拍法握拍，自然将球拍举到右肩侧上方，左手自然上举，眼睛注视来球。

（3）当球下落到接近击球点高度时，右腿开始蹲伸，并以髋关节带动身体由右向左转动，做左腿后撤、右腿前迈的两腿交叉动作。

（4）在腰腹协调用力的配合下，上臂带动前臂利用伸肘关节，做正手击高远球动作，只是击球一瞬间手腕快速下压，向前下方轻击来球。

（5）击球点跟正手击高远球一样，在头顶正上方 5~10 厘米处。正手吊直线时，拍面正对来球，利用手指、手腕和前臂外旋的动作，挥拍击打球头下部。

（6）击打完球后，球拍向前随挥，以给球更快的加速度。

2. 易犯错误

（1）侧身不充分，身体正对球网，重心置于两腿之间。

（2）击球时收肘，拍面正直向前，没有手腕快速下压和外旋动作。

（3）击球点过后或偏右，导致球过网时弧度过高、速度过慢。

（4）侧身转体后，脚尖指向左侧，身体重心与朝向也向左。

（5）击完球后拍面没有向前挥动，而是立刻制动，停止向前挥动。

3. 纠正方法

（1）侧身对球网，左脚在前，右脚在后，身体重心自然落在右脚掌上。

（2）击球点在身体正前方45°，小臂和手腕内旋同时快速下压手腕使球过网急坠。

（3）右脚蹬转发力，送胯转腰发力将球击出。

（4）侧身转体击球后，身体重心与朝向及脚尖指向正前方。

（5）击球后手臂自然向前挥动，身体重心也随之向前。

8.5.12　正手杀球

正手杀球可以帮助球员保持连续下压，迫使对手向上起球，自己获得主动的进攻或得分机会（图8-21、图8-22）。

图　8-21

图　8-22

正手杀球

1. 技术要点

（1）架拍击球前的准备动作和正手高远球相似，侧身对网。

（2）左脚在前，右脚在后，并且用快速的后退步法后退，使击球点在右肩前上方。

（3）杀球前身体后仰，做充分展腹动作，身体基本呈弓形。

（4）杀球前握拍一定要放松，手心和拍柄之间要有缝隙，发力瞬间五指握紧。

（5）击球点在头顶正上方偏前50～80厘米。杀球的瞬间是靠腰腹腿部带动手臂最后手腕内旋的爆发力，就像抽鞭子一样，练习时注意体会鞭打发力。

（6）击完球后身体呈反弓形，做充分的收腹动作，手臂向腹部收拢，身体重心向前移动。

2. 易犯错误

（1）击球前侧身不充分，身体过于面向球网，重心没有置于右腿。

（2）击球时没有挺胸后仰，身体肌肉受到的牵张反射刺激较小。

（3）击球时没有转体发力，握拍太过紧张，主要依靠手臂手腕发力。

（4）击球点过高或过低，导致球过网时弧度过高或易下网。

（5）击完球后拍面没有向前挥动，而是立刻制动，停止向前挥动。

3. 纠正方法

（1）侧身对球网，左脚在前，右脚在后，身体重心自然落在右脚掌上。

（2）击球时快速架拍，握拍放松，并且顶腹展胸身体呈弓形。

（3）右脚蹬转发力，送胯，转腰，顶肘，手腕内旋，五指迅速握紧将球击出。

（4）侧身转体击球后，身体重心与朝向及脚尖指向正前方。

（5）击完球后身体呈反弓形，手臂向腹部收拢，身体重心向前移动。

以上羽毛球基本技术，涵盖了在羽毛球比赛或考试中可选择的技术方式，组合方式可因个人情况不同而自由组合，在组合过后要加强不同技术的衔接能力，才能在比赛中发挥得更好。

8.5.13 完整技术展示

完整技术展示

8.6 羽毛球项目课后练习与训练计划制订

8.6.1 挑球课后练习

（1）原地徒手挥拍练习。通过原地徒手模仿练习，逐渐熟悉和掌握正反手挑球的技术动作。每次 5 分钟 ×3 组。

（2）对墙挑球练习。面对墙角站立，进行正手或反手挑球练习，练习挑球的稳定性和手腕发力。20 次 1 组 ×5 组。

（3）两人对练。一人扔球，一人练习，逐渐

掌握挑球的时机和力度。每人 20 次 ×5 组。

（4）每周应练习挑球 3~4 次。

8.6.2 发高远球课后练习

（1）反复练习。发高远球要注意技术动作协调和动作细节，如握拍、站姿、挥拍轨迹等。20次 ×5 组。

（2）增加练习次数。只有通过大量的练习，才能熟练掌握发高远球技术，逐渐提高发球的准确性和质量。每次 20 分钟。

（3）增加难度。为了提高发高远球的技术水平，可以尝试在不同位置、不同角度、不同速度下发高远球，或者结合其他技术动作一起练习。20 次 1 组 ×6 组。

（4）模拟比赛场景。可以模拟比赛场景，发不同落点的球，以提升高远球在实战中的应用能力。变换发球的区域，每组 50 次，间隔 3 分钟，完成 4 组。

（5）每周应练习发高远球 3~4 次。

8.6.3 击高远球课后练习

（1）挥拍练习。练习正确的挥拍动作，确保能够将球击打到足够高的高度，并保持球飞行的稳定性。可以通过对着镜子或让伙伴帮忙来检查挥拍动作是否正确。50 次 1 组 ×5 组。

（2）固定击球位置练习。选择一个固定的击球站位进行练习，这个位置可以确保能有效地精准地将球击打到足够高的高度。然后不断地尝试并调整击球时间和角度，以便将球击打得更远。20 次 1 组 ×6 组。

（3）多球练习。采用多球练习可以增加击球的数量和频率，有助于快速提升自己的击球能力。可以选择一些固定的击球位置和落点，逐步

提高击球的准确性和稳定性。20次1组×6组。

（4）双人对抗练习。找一个伙伴进行对抗练习，可以尝试在对方击球时给对方施加压力，迫使对方出现失误，从而提升自己的击球能力和应对能力。5分钟1组×4组。

（5）观看教学视频。观看一些羽毛球击高远球的教学视频，学习其他球员的技巧和动作，有助于更好地理解正确技术动作和战术运用。

（6）每周应练习击高远球3~4次。

8.6.4 正手搓球、勾对角课后练习

（1）对墙击球练习。面对墙壁，将球击向墙壁，以练习正手搓球技术为主。这个练习可以增强搓球的手感和控制能力。50次1组×10组。

（2）对战练习。两人一组，通过互相扔球，以增强放网、搓球的实战运用。每人50次×10组。

（3）模拟比赛练习。模拟比赛的节奏和氛围，以增强搓球在比赛中的运用能力。练习时间20分钟。

（4）每周应练习反手搓球、勾对角3~4次。

8.6.5 吊球课后练习

（1）在空旷的地方站立，尝试用手抛羽毛球进行练习，同时保持正确的握拍姿势和击球前的准备，反复练习不同的发力方式。20次1组，5~8组。

（2）可以找同伴发球，进行吊球练习。根据不同的位置和落点，尝试进行直线吊球、斜线吊球的练习，注意观察球的落点，调整好击球位置和拍面角度。依次练习正手吊直线、正手吊斜线、头顶吊直线和头顶吊斜线，每条线路各完成100次。

（3）每周应练习吊球2~3次。

8.6.6 杀球课后练习

（1）原地模仿杀球动作。在原地进行杀球的挥拍动作练习，注意手腕的控制和力量的运用，感受球拍与球接触时的感觉。10次1组，完成5组。

（2）配合训练。与同伴进行多球训练，通过互相配合完成杀球进攻。可以选择不同的击球位置和拍面角度，尝试不同的杀球效果。练习时间为每人10分钟。

（3）实战演练。与同伴进行比赛，运用所学技能进行实战演练。注意观察对手的防守位置和移动情况，适时调整自己的杀球策略和位置。每次练习时间15分钟为宜。

（4）每周应练习杀球2~3次。

8.6.7 素质训练

素质训练是羽毛球这项运动中不可或缺的一部分，大体上分为身体素质、专项素质和力量训练。良好的有氧能力、无氧能力、步法、辅助训练和爆发性力量训练相结合才能够在技术上取得更大的进步，并在这项运动中获得更大的乐趣。以下这些素质练习，可以有机结合，也可以根据身体情况随时调整。

1. 周一

（1）杠铃翻腕，10~15千克，40次×4组。

（2）杠铃曲臂，10~15千克，20次×4组。

（3）俯卧撑，10次×3组。

（4）哑铃侧平举，5千克，12次×4组。

（5）3000米中速跑，20分钟内完成，提高有氧能力。

2. 周三

（1）挥重拍练习，20 次 ×5 组。

（2）杀球上网步法，10 个来回 1 组，左右各 2 组。

（3）两边接杀步法，边线两侧触球 5 个来回 ×5 组。

（4）四角跑场地四角触球，5 圈 1 组 ×5 组。

3. 周五

（1）仰卧起坐，15 次 ×4 组。

（2）背肌两头起，20 次 ×4 组。

（3）步法练习（滑步、交叉步、跨步、转髋等），各完成 15 米 ×4 组，提高灵敏性和协调性。

4. 周六

（1）提踵，脚尖立于台阶上做提脚跟动作，每只脚 20 次 1 组 ×5 组。

（2）静蹲，脚跟立于墙边，下蹲至大小腿角度约 135°，2 分钟 1 组 ×5 组。

（3）肩部静止力量，持拍手抬平，肘关节放 5 千克重物，1 分钟 ×4 组。

（4）跳绳，1 分钟 ×4 组。

5. 周日

（1）蛙跳，3 次连续跳 ×5 组。

（2）蹲走，20 米 ×5 组。

（3）全场被动步法，20 次 ×5 组。

（4）小步法，20 次 ×5 组。

8.7 安全注意事项

8.7.1 重视准备活动

在比赛或训练前，进行充分的热身和拉伸非常重要，热身可以让身体逐渐进入运动状态，减少受伤风险。运动后，也要积极进行放松练习，放松肌肉和拉伸韧带，让身体更快恢复。

8.7.2 补充水分和能量

羽毛球是一项消耗体力很大的运动，需要在练习中适当地补充水分。饮食要有规律，按时进餐，不要挑食。

8.7.3 穿戴合适的装备

选择合适的运动鞋，能够减少运动时带来的冲击力，球衣根据自己的实际情况和需求进行选择，确保装备的质量和舒适度。

8.7.4 运动负荷要合理

要根据自身条件，有针对性地科学制订训练计划，保证每一次训练负荷都合理、适度、有效。

8.7.5 身体状态

身体状态不佳或第二天疲劳感加重，应减少运动量或休息，身体有伤病时，要在医生或教师的建议下，进行合理活动，避免伤情加重。

第 9 章 武 术

9.1 武术项目简介

中国武术历史悠久，源远流长，有着广泛的群众基础，是中华民族在长期生活与斗争实践中逐步积累和发展起来的一项宝贵的文化遗产。武术项目的内容丰富，运动形式多样，风格独特，具有强身健体、防身自卫、锻炼意志、陶冶情操、竞技比赛、文化交流、技艺切磋、增进友谊等功能，是一项具有广泛社会价值和民族文化特色的中国传统体育项目。中国武术按其运动形式可分为套路运动和搏斗运动两大类。套路运动按练习形式又可分为单练、对练和集体演练：单练包括各种拳术与器械；对练包括徒手对练、器械对练、徒手与器械对练；集体演练包括徒手拳术和器械。搏斗运动是两人在一定条件下，按照一定的规则进行斗智较力的对抗形式，包括散打、推手、短兵和长兵等。

9.2 武术项目的发展

武术源于中国，属于世界，武术已经是世界人民认知中国的重要文化符号之一。武术自开展海外推广工作以来，目前国际武术联合会已有160个会员，也就是说，160个国家和地区都在推广和发展武术，可以感受到世界人民对中国武术的热爱。中国武术国际推广的过程，其实质就是向世界推广中国传统文化，向世界宣传中国，让世界了解中国的过程。

2021年4月29日，教育部中国武术教育指导委员会的成立，成为中国武术教育史上具有划时代意义的举措，加速了新时代校园武术教育改革步伐，进一步推动了武术教育高质量发展。武术课不但成为学生强身健体的手段，更是弘扬中华优秀传统文化、培育民族精神的重要途径。

9.3 武术项目的特点与作用

9.3.1 武术项目的特点

1. 蕴含技击属性

武术最初作为军事训练手段，与古代军事斗争紧密相连，其技击的特性是显而易见的。作为一项体育运动，虽然在技法、技艺上仍不失攻防技击的特性，但在习练中却已逐渐地将武术的技击功能寓于武术的套路运动之中，并演变成武术套路动作的攻防格斗特点，在技法上与实用技击基本上还是一致的。武术套路运动是中国武术特有的表现形式，尤其在技术规格、运动幅度等方面与技击的原形动作有所变化，但一拳、一脚的招式仍保留了技击的特性。即便因动作连接的贯串及演练技巧上的需要，穿插了一些非攻防技击意义的动作，但是就其整套动作技艺、技术而言，其主要动作仍以踢、打、摔、拿、击等诸技法为主，并被视为套路动作的技术核心。

2. 注重内外兼修

武术既讲形体规范，又求神情传意，其内外合一的整体观，是中国武术健身的一大特色。所谓内，是指心、神、意等心智活动和气的运行；所谓外，即手、眼、身、法、步等形体活动。内与外、形与神是相互联系统一的整体。武术"内外合一，形神兼备"的特点主要通过武术功法和技法来展示。现代武术套路在技术上则往往要求把内在的精、气、神与外部形体动作紧密相合。一举手、一投足，都要求做到"心动形随""形断意连""势断气连"，以"手眼身法步，精神气力功"八法的变化来磨砺心身。这一特点不仅反映了中国武术作为一种文化形式在长期的历史演进中深受中国古代哲学、医学、美学等的影响，同时也逐渐形成了独具民族风格的练功方法和健身的运动形式。

3. 内容丰富、形式多样

从内容上，既有"强健筋肉，发展体力"类的形意拳、八卦掌、八极拳，又有"流通气血，强健精神"类的少林易筋经、太极拳及各种内功，还有"活泼肢体，敏捷思想"类的各种运动捷速、跳跃便利的长拳，等等。运动形式上，既有竞技对抗性的散打、推手、短兵、长兵，又有适合演练的各种拳术、器械和对练，还有各种功法运动。不同的拳种和器械有不同的动作结构、技术要求、运动风格和运动量，分别适应不同年龄、性别、体质的人群需求，人们可以根据自己的条件和兴趣爱好选择练习。少年儿童可根据自身特点，选择长拳类、南拳类项目进行练习，以培养刚健有为、勇敢无畏的气质；青年人在选择长拳类、南拳类项目的同时，还可进行各种对抗类练习，以培养敢于拼搏、勇于竞争的精神；中年人可以选择形意拳、八卦掌、八极拳等项目，以进一步强健筋肉，发展体力，体会中国武术深层次的文化内涵；老年人可选择以柔和、缓慢、轻灵为特点的太极拳类，以达到调理身心、益寿延年的目的。

9.3.2 武术项目的作用

1. 强身健体，防身自卫

武术套路动作包含屈伸、直摆、平衡、跳跃、翻腾、跌扑等技术动作，人体各部位几乎都要参与运动。一是人体的"晴雨表"，如对人体速度、力量、灵巧、耐力、柔韧等身体素质要求较高，使人的身心得到全面锻炼。二是人体的"温度计"，如对外能利关节、强筋骨、壮体魄，对内能理脏腑、通经脉、调精神。武术运动讲究调息行气和意念活动，对调节内环境的平衡、调养气血、改善人体机能、健体强身十分有益。三是一种"防卫术"，武术套路运动大都是以技击动作为核心，通过习武，不仅能够达到增强体质的作用，而且能够学会攻防格斗技法，尤其是武术功法训练，更能发挥技击的实效性。通过拳打、脚踢、快摔等技法的演练，讲究得机、得时、得势，不仅提高搏击的判断力和应变能力，还能增强克敌制胜、防身自卫的能力。

2. 锻炼意志，培养品德

习练武术对人的意志品质考验是多方面的。习练武术基本功，要不断克服疼痛关，"冬练三九，夏练三伏"，长年有恒，坚持不懈。习练武术套路，要克服枯燥关，培养刻苦耐劳、砥砺精进、永不自满的品质。习练武术散打，若遭遇强手要克服消极逃避，锻炼勇敢无畏、坚韧不屈的战斗意志。总之，习武要经过长期磨砺和教育才能修炼出勤奋、刻苦、勇敢、果敢、顽强、虚心好学、勇于进取的道德情操、尚武精神和文化修养。

3. 教武育人，习武树德

"武德"即武术道德，是习武者需要遵守的道德、美德。"未曾习武先学礼，未曾习武先习德"，现代武术始终把"武德"贯穿于武术教习之中，并作为习武者的先决条件。可见武术在中国几千年绵延的历史中，重礼仪、信道德，崇德尚武、尊师爱友等，无不包含着深刻广泛的道德内容。互教互学、以武会友、切磋技艺、讲礼守信、见义勇为、不凌弱逞强等已成为习武者尚武崇德的精神和共同信仰的言行准则。如将激烈的攻防技术和人生修行结合起来，便是中国武术传统道德观念的体现。也就是说，没有武德的武术不是中国武术，不具备武德者只能是暴力而已。虽然，在社会的发展中，武德的标准和规范不尽相同，但尚武崇德是习武者共同遵守的基本道德规范，它属于民族道德范畴，也是社会道德的组成部分。

4. 竞技观赏，丰富生活

武术具有较高的观赏价值，无论是套路表演，还是散打比赛，历来为人们喜闻乐见。杜甫在《观公孙大娘弟子舞剑器行》这一著名诗篇中有"昔有佳人公孙氏，一舞剑器动四方。观者如山色沮丧，天地为之久低昂"的描绘。汉代打擂台，"三百里内皆来观"。这都说明无论是显现功力与技艺的武术套路表演，还是激烈斗智、较勇的武术散打比赛，都会引人入胜，给人以美的享受，具有很高的观赏价值。通过观赏，又给人以启迪、教育和乐趣。

5. 交流技艺，以武会友

武术蕴含丰富，技理相通，入门之后才会有"艺无止境"之感。为此，大力推进和开展群众性的武术活动，将其转换成人与人之间相互切磋技艺，交流思想，增进友情等，以健身为要旨，以自卫为信条，反对好勇斗狠、恃强凌弱，是传播武术的重要途径和手段。当前，随着武术在世界广泛传播，还可促进与国外武术爱好者的交流。许多国家的武术爱好者不仅喜爱武术套路，也喜爱武术散打，他们通过练武已逐渐了解中国文化和东方文明。可以说，武术通过体育传播、运动竞技、文化交流等途径，在与世界各国人民友好交往中发挥着越来越大的作用。

9.4　武术项目对青少年的训练和教育意义

提高青少年身体素质、培养良好的核心素养是实现中华民族伟大复兴的重要使命之一。武术作为中华民族的文化遗产，既具有普适性和内倾性，也具有民族性，能够实现身心兼修的目标。武术不仅可以强身健体，还能规范个人行为、塑造精神品德、培养注意力、记忆力等。因此，培养青少年的武术素养不仅有利于强健其体魄，更有利于培养其精神，从而更好地传承中华民族传统文化，助力"健康中国"战略的实施。

少年培养良好的节奏感和韵律感。

9.4.1 武术项目对青少年的训练意义

1. 增强身体素质

武术项目包含丰富的肢体动作，如跳跃、翻腾、扭转等，这些动作可以锻炼青少年身体的肌肉力量、耐力、灵敏性和协调性。通过持续的训练，青少年的身体素质可以得到全面提升。

2. 促进骨骼发育

武术锻炼能够刺激骨骼、关节和肌肉等运动器官，并使之产生适应性的变化。在生长发育期通过练武术对骨骼的刺激，会增加骨矿物质的吸收，促使人体长高。

3. 提升柔韧性和灵活性

武术训练注重对关节灵活性和身体柔韧性的提升。通过压腿、下腰等基本功的训练，可以有效地提高青少年的柔韧性和灵活性，预防运动损伤。

4. 增强防身自卫能力

武术中的踢、打、摔、拿等对抗性练习可以帮助青少年提高防身自卫能力。这些技能不仅可以让他们在遇到危险时保护自己，也可以在日常生活中增强信心，提高自我保护意识。

5. 塑造良好的体型和体态

武术训练中的站桩、套路练习等注重身体姿势的调整和训练。通过这些训练，青少年可以有效地改善体型，培养良好的体态，提升气质和形象。

6. 增强反应能力

武术中的拳法、腿法等动作，需要快速反应和判断，可以锻炼青少年的反应能力。

7. 增强韵律感

武术中的节奏感和韵律感很强，可以帮助青

9.4.2 武术项目对青少年的教育意义

1. 塑造品格

练习武术需要持之以恒、坚持不懈。在练习过程中，青少年可以培养出坚韧不拔、勇往直前、不怕困难、自我约束等优良品质。这些品质对于青少年的成长和发展非常重要。

2. 培养礼仪

练习武术需要遵循一定的礼仪规范，如尊重师长、遵守规则等。通过学习武术，青少年可以培养良好的礼仪习惯，提高自己的社会交往能力。

3. 增强自信

练习武术可以让青少年在短时间内掌握一定的技能，这会让他们产生一种成就感和自信心。这种自信心对于青少年的成长和发展非常重要，可以帮助他们更好地面对挑战和困难。

4. 增强团队意识

武术的集体练习需要团队协作，这可以让青少年学会如何与他人合作，增强团队意识。在团队合作的过程中，青少年可以学会如何沟通、协调、解决问题，这些能力对于他们的未来发展非常重要。

5. 传承文化

武术是我国的传统文化，学习武术可以让青少年更好地了解和传承我国的文化遗产。通过学习武术，青少年可以增强民族自豪感和文化认同感，这对于他们的成长和发展非常重要。

武术有助于培养青少年的身体素质和体能。通过练习武术的动作和招式，青少年可以锻炼身体，增强肌肉力量、柔韧性和平衡能力，从而提高身体素质，为以后的体育锻炼和日常活动打下坚实的基础。武术有助于培养青少年的精神品质和意志力。武术练习需要耐心、毅力和恒心，这些品质对于青少年的成长和发展非常重要。在武术训练中，青少年需要克服困难，不断挑战自己，这有助于培养他们的毅力，使他们更加自信和坚强。武术有助于培养青少年的文化素养和民族自豪感。武术是中国传统文化的重要组成部分，通过学习武术，青少年可以更好地了解中国的历史和文化，增强民族自豪感，培养热爱祖国的感情。武术有助于培养青少年的社交能力和团队合作精神。在武术训练中，青少年需要与同伴协作，共同完成动作和招式，这有助于培养他们的社交能力和团队合作精神，使他们更加善于与他人相处，提高人际交往能力。武德是与武术运动紧密结合的一套道德体系，是中华民族传统道德的一部分，也是中华民族宝贵的精神财富。通过对广大青少年进行武德教育，可以对他们独立人格的塑造，爱国精神的培育等，能发挥独特的作用。

图 9-1

图 9-2

拳

9.5 武术基本技术

9.5.1 手型

武术手型是指武术运动中的手部动作的姿势和形状。常见的武术手型包括拳、掌、勾、虎爪等。

9.5.1.1 拳

四指并拢卷握，拇指紧扣食指和中指的第二指节。平拳拳心向下，立拳拳眼向上。握拳要紧，拳面要平，腕部伸直（图9-1、图9-2）。

1. 技术要点

五指卷紧，拇指压于食指、中指第二指节上。握拳要紧、拳面要平、腕部伸直。

2. 易犯错误

拳面不平，屈腕。

3. 纠正方法

讲解拳的攻防作用，先示范与讲解拳的规格、要求，再采用手型变换练习。

9.5.1.2 掌

四指并拢伸直，大拇指一、二指节屈曲，紧贴于虎口部位。掌分掌心、掌背、掌指、掌根和掌外沿（图9-3）。

图　9-3

掌

1. 技术要点

四指伸直并拢，拇指弯曲紧扣于虎口处。掌心开展、竖指。手指并拢，大拇指紧扣虎口处。

2. 易犯错误

松指，掌背外凸。

3. 纠正方法

讲解掌的攻防作用。先示范与讲解掌的规格、要求，再采用手型变换练习。

9.5.1.3　勾

屈腕，五指撮拢屈腕成刁勾（图9-4）。

图　9-4

勾

1. 技术要点

手腕弯曲，五指撮拢成勾，屈腕。

2. 易犯错误

松指，腕没有扣紧。

3. 纠正方法

讲解勾手的攻防作用。先示范与讲解勾的规格、要求，再采用手型变换练习。

9.5.1.4　虎爪

五指伸直分开，食指、中指、无名指、小指一、二指节屈曲内扣，大拇指也微曲内扣，虎口撑圆（图9-5）。

图　9-5

虎爪

1. 技术要点

五指用力，爪心含空，以意行气，力达爪尖。

2. 易犯错误

（1）手指未充分分开，虎爪的形状不明显。

（2）手指的屈扣程度不够，虎爪的刚劲力度不足。

（3）虎爪的形状过于扁平，缺乏立体感。

3. 纠正方法

手指的屈扣程度要适中，可以先用手指撑开，然后依次屈扣第一、二节指关节，再紧握成拳，以增强虎爪的刚劲力度。可以多做手指的屈伸动作，以提高手指的灵活性和力量感，同时要注意保持虎爪的立体感。

9.5.2　手法

9.5.2.1　冲拳

两脚开步站立，与肩同宽，两手握拳抱于腰间，肘尖向后，拳心向上，目视前方。右拳从腰间向前旋臂猛力冲出，力达拳面，右臂要伸直，高与肩平，同时左肘向后牵引（图9-6）。

图　9-6

冲拳

1. 技术要点

（1）出拳时注意转腰、顺肩、爆发用力。

（2）定势时要挺胸、收腹、立腰。

2. 易犯错误

（1）冲拳时肘关节先动，出现"撩拳"。

（2）耸肩。

（3）冲拳无力。

3. 纠正方法

（1）冲拳时，注意肘要贴肋运行，使拳内旋冲出。

（2）注意转腰，顺肩，旋臂。

（3）面对镜子或由同伴帮助检查冲拳时肘关

节是否外展。

9.5.2.2 推掌

与冲拳相同，唯两拳变掌，以掌外沿为力点，向前立掌快速推出（图9-7）。

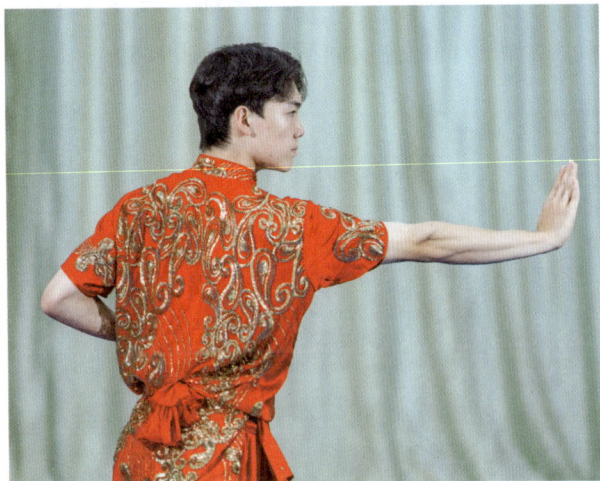

图　9-7

推掌

1. 技术要点

（1）掌从腰间推出，要求挺胸、收腹、直腰；旋腕立掌推出，快速有力。

（2）推掌的同时，腕关节尽量沉腕，以小指一侧着力向前推出。

（3）肘臂伸直，肩部松沉并向前顺。

2. 易犯错误

（1）推掌没有力，或者推掌的速度过慢。

（2）推掌时，没有挺胸、收腹、直腰，导致姿势不正确。

（3）推掌时，没有旋腕立掌推出，或者推出时没有以小指一侧着力。

3. 纠正方法

（1）强调推掌的快速、有力。

（2）强调挺胸、收腹、直腰。

（3）强调旋腕立掌推出，并注意以小指一侧着力。

9.5.2.3 劈拳

两脚并步站立，两拳抱于腰间。左拳由腰间向右经面前向上摆起，左拳由上向左侧快速下劈，力达拳轮，左臂伸直，拳眼向上（为抡劈），目视左拳。然后屈臂收拳于腰间，还原。右劈拳动作过程同上，方向相反（图9-8）。

图　9-8

劈拳

1. 技术要点

（1）对臂力要求较高，力贯始终。

（2）要做到沉肩坠肘，两臂不僵直。

（3）以肩带臂，直臂下劈，力达拳轮。

2. 易犯错误

（1）屈腕、耸肩。

（2）前臂弯曲过大，力点不准。

3. 纠正方法

（1）放慢速度，体会以肩带臂等动作要点。

（2）在正确动作的基础上，做劈拳练习，体会爆发用力。

（3）练习时，臂、腕保持适度的紧张，注意松肩。

9.5.2.4 抓面爪

拳变虎爪，由腰间向前抓击，手心朝前，高与面平，力达指端（图9-9）。

图 9-9

抓面爪

1. 技术要点

（1）五指用力分开，指骨略向内弯曲呈爪形，手心朝前。

（2）在抓击过程中，发力主要来源于腰部，而不是手臂。同时，注意肩膀放松，避免耸肩。

（3）抓面爪的高度应该与面部平行，这样可以更好地发挥抓击的力量。

（4）在抓击的最后阶段，力达指端。

2. 易犯错误

（1）高度过低或过高，没有与面部平行。

（2）发力不正确，不是由腰部发力而是由手臂发力。

（3）最后阶段力量没有集中在指端。

3. 纠正方法

（1）强调抓面爪的高度应该与面部平行。

（2）强调发力应该主要来源于腰部，而不是手臂。可以尝试先以手臂发力，然后逐渐过渡到以腰部发力。

（3）强调在抓击的最后阶段力量应该集中在指端。可以通过抓握物体来加强练习。

9.5.2.5 撞拳

右拳屈肘由下向前、向上勾撞，拳面朝上，拳心朝内，高与肩平，目视右拳（图9-10）。

图 9-10

撞拳

1. 技术要点

（1）撞拳要充分借助扣膝、转腰的力量，发短劲，手腕微向里扣，力达拳面。

（2）上臂与前臂的夹角在90°~100°。

2. 易犯错误

（1）预摆，即撞拳之前臂由腰间先向后摆，然后再向前、向上撞出。

（2）右拳抄撞与上步不一致，重心不稳。

3. 纠正方法

先不强调用力，注意改正出拳的起止路线，以便尽快形成正确的动力定型。

9.5.3 步型

9.5.3.1 弓步

两脚前后开立，前脚微内扣，全脚掌着地，屈膝半蹲，大腿成水平，膝部约与脚面垂直；另一腿挺膝伸直，脚尖里扣斜向前方，全脚掌着地，上体正对前方（图9-11）。

图　9-11

弓步

1. 技术要点

前脚尖朝前，后脚尖内扣。前腿屈膝下蹲，大腿接近水平，小腿垂直于地面，后腿蹬直。挺胸，收腹，立腰。

2. 易犯错误

后脚拔跟或外掀脚掌，后腿屈膝，上体前倾。

3. 纠正方法

强调脚跟蹬地、挺膝后蹬、沉髋。

9.5.3.2 马步

两腿平行开立，两脚间距离三个脚掌的长度，然后下蹲，两脚尖平行向前，两膝向外撑，膝盖不能超过脚尖，大腿与地面平行（图9-12）。

图　9-12

马步

1. 技术要点

两脚抓地，身体中正，头正、挺胸、立腰、扣足。

2. 易犯错误

脚尖外撇，弯腰跪膝、撅臀。

3. 纠正方法

强调脚跟外蹬，挺胸、立腰后再下蹲，膝盖不得超过脚尖。

9.5.3.3　歇步

两腿交叉屈膝全蹲，前脚全脚掌着地，脚尖外展；后脚跟离地，膝部贴近前腿外侧，臀部外侧紧贴后小腿（图 9-13）。

图　9-13

歇步

1. 技术要点

挺胸，立腰，两腿贴紧。

2. 易犯错误

（1）两腿贴不紧，后腿膝盖跪地。

（2）动作不稳。

3. 纠正方法

（1）强调后腿膝关节穿过前膝腘窝。

（2）强调前脚尖充分外展，立腰，两腿贴近。

9.5.4　步法

9.5.4.1　上步

两脚前后错步站立，重心前移，右脚向前上步，脚尖向前，目视前方。上体正直，上步时右脚跟先着地，并依次过渡到全脚掌着地。

上步

1. 技术要点

（1）上步前身体的重心放在前脚，然后通过重心前移方式将重心转移到后脚。

（2）上步时脚跟先着地，这样可以更好地掌握平衡。

（3）随着脚跟的着地，脚掌也逐渐着地，这样可以更好地保持重心稳定，并减少对脚踝和膝盖的冲击。

（4）在移动脚步的过程中，身体保持正直，不要前倾或后仰。

2. 易犯错误

（1）脚尖方向错误，如果脚尖向外或向内，会影响身体的平衡性和动作的流畅性。

（2）身体没有保持正直，不要前倾或后仰，否则会影响身体的稳定性和动作的美观性。

（3）步法过大或过小。

3. 纠正方法

（1）在练习时强调脚尖向前，让脚跟先着地并逐渐过渡到全脚掌。

（2）在练习时强调身体保持正直，不要前倾或后仰。

（3）通过多次练习和反复纠正来掌握正确的步法大小。

9.5.4.2　退步

两脚前后错步站立。重心后移，右脚向后退步，脚尖向前，目视前方。上体正直，退步时右脚掌先着地，并依次过渡到全脚掌着地。

退步

1. 技术要点

（1）保持身体重心平稳向后移动。

（2）右脚脚掌先着地，然后过渡到全脚掌着地。

（3）保持身体直立，不前倾或后仰。

2. 易犯错误

（1）步法过大或过小。

（2）身体没有保持正直。

（3）脚掌和全脚没有按顺序着地。

3. 纠正方法

（1）调整步法大小，保持适中。

（2）注意身体保持直立。

（3）练习时强调脚掌先着地，然后过渡到全脚掌着地。

9.5.4.3　插步

并步站立，右腿屈膝抬起，经左脚跟向左后方插步，左膝弯曲，右膝伸直；同时，两掌变拳上提至两腰侧，拳心向上，上体正直，目视前方。插步右前脚掌着地。

插步

1. 技术要点

（1）一侧腿屈膝抬起，经另一侧脚跟向后方插步，前脚掌着地。

（2）插步时，上体正直，正对前方。

（3）右脚向左侧后方插步时，右脚的前脚掌着地。

2. 易犯错误

支撑腿的脚出现移动。

3. 纠正方法

插步时，强调重心下沉。

9.5.4.4　麒麟步

并步站立，左脚向右前方上步，脚尖外摆，膝微屈，右脚屈膝下跪，脚跟离地，两腿交叉；右脚由后经左脚前向左前方上步，脚尖外摆，膝微屈；左脚屈膝下跪，脚跟离地，两腿交叉；左脚由后向左前方上步，双腿屈膝成半马步。

麒麟步

1. 技术要点

（1）重心较低，步幅较大，步频逐渐加快。

（2）动作过程沉气、坐跨、敛臀、上体保持中正。

2. 易犯错误

（1）初学者往往因为紧张或害怕摔倒，导致步幅过小，使得整个动作看起来不够舒展大方。

（2）练习时容易出现重心不稳的情况，导致身体摇晃或失去平衡。

（3）过度用力或紧张，导致动作变得僵硬不流畅，影响整个动作质量。

3. 纠正方法

（1）练习时，注意适当加大步幅，以体现沉实稳固的特点。可以参考优秀运动员的麒麟步示范，并进行模仿和练习。

（2）练习时，注意沉肩坠肘，以增加动作的稳定性和力量。同时，要注意手臂的弯曲程度，不要过于伸直或过于弯曲，以保持流畅。

（3）重复练习。选择一些有针对性的练习方法，如原地练习、行进间练习等，逐步提高动作质量。

9.5.5 武术健身长拳完整套路演练

武术健身长拳完整套路演练

9.5.6 武术健身南拳完整套路演练

武术健身南拳完整套路演练

9.5.7 武术五步拳完整技术演练

武术五步拳完整技术演练

武术训练中，身体素质是基础，基本技术是决定整体技能水平的关键。基本技术主要涵盖了手型、手法、步型、步法，对于基本技术的训练，需要反复练习和熟练掌握，以便在健身长拳、健身南拳的套路演练中能够自如运用。

青少年进行武术项目训练时，还需要注意以下几点。

体能方面：武术套路动作的完成需要良好的体能支持，包括力量、耐力、柔韧性、协调性等。因此，在训练中，要注重身体素质的全面提升，通过各种训练方法来提高体能水平，为完成套路动作提供保障。

技术方面：武术套路对动作的技术要求较高，需要掌握正确的姿势和动作要领。在训练中，要注重技术的细节和要点，通过反复练习和纠错，逐渐提高技术水平。同时，要注意动作的连贯性和节奏感，做到动作规范、流畅、有力。

心理方面：武术套路训练需要学生具备较好的心理品质，包括意志力、自信心、注意力等。在训练中，要注重培养学生的自信心和意志力，鼓励他们克服困难和挑战自我。同时，要注重调节学生的情绪和心态，避免过度紧张和焦虑。

智能方面：武术套路训练也需要学生具备一定的智能水平，包括记忆能力、思维能力、观察能力等。在训练中，要注重培养学生的思维能力和创新能力，鼓励他们探索套路动作的本质和规律，提高对武术的理解和认识。

9.6 武术项目课后练习与训练计划制订

9.6.1 手型课后练习

1. 静态练习

在理解手型的基础上，进行静态练习。即在保持手型正确的情况下，持续一段时间的静态练习。这种练习有助于巩固手型的正确姿势和用力方式。

2. 动态练习

在静态练习的基础上，进行手型的动态练习。即按照武术套路的动作要求，结合上肢冲、架、推、亮等运动方法，进行手型的连续动作练习。这种练习有助于提高手型的灵活性和连贯性。

3. 配合呼吸练习

在练习手型时，要注意配合呼吸的运用。一般来说，出拳时呼气，收拳时吸气。通过与呼吸的配合，可以更好地发挥手部的力量和灵活性。

4. 结合步法练习

在练习手型时，可以结合步法进行练习。例如：在冲拳时，可以配合前进步法；在架拳时，可以配合后退步法等。这种练习有助于提高手形与步法的协调性和整体动作的流畅性。

9.6.2 手型训练计划制订

个人训练时间和计划应根据自身的情况和需求进行调整。每周进行 2~3 次手型训练，每次训练 10~15 分钟。

1. 热身活动

在开始手型练习之前，进行适当的热身活动，如跑步、跳绳、伸展运动等，以增加身体的温度和柔韧性，避免受伤。

2. 手型练习

进行手型的静态练习和动态练习。可以先进行单个手型的练习，再逐渐过渡到组合手型的练习。同时，要注意手型的姿势、力度和使用方法的正确性。

3. 力量训练

进行一些力量训练，如俯卧撑、引体向上、哑铃训练等，以增加手部的力量和耐力。

4. 速度和灵活性训练

进行一些快速的手形变换练习或手眼协调练习，以提高手部的速度和灵活性。

此外，也可逐渐增加难度，如从简单的动作开始，逐渐过渡到复杂的动作；从静态练习到动态练习等。

9.6.3 手法课后练习

1. 理解动作规格

首先要认真理解手法的基本动作规格，包括动作的起止点、路线、角度、力度等要素，确保练习时能够正确掌握。

2. 分解练习

将手法动作分解为若干个部分，逐一进行练习。可以先从单个动作开始，逐步掌握每个分解动作的要领，再逐渐将它们组合起来练习。

3. 加难练习

在掌握基本动作后，可以逐渐增加难度，如增加动作的复杂性、速度和力度等。可以先进行慢速练习，逐步提高速度和力度，以适应更高的要求。

4. 重复练习

要想掌握好手法，需要反复进行练习。只有通过不断练习才能逐渐掌握手法的要领和技巧，并逐渐达到熟练的程度。

9.6.4 手法训练计划制订

个人训练时间和计划应根据自身的情况和需求进行调整。每周进行 2~3 次专门手法训练，每次训练 10~15 分钟。

在进行基本手法练习时，选择几个基本的手法动作进行练习，如拳法、掌法、爪法等。初学者可以从简单的动作开始，逐渐掌握每个动作的路线、角度和力度。之后可结合套路，将复杂的手法动作分解为若干个部分，逐一进行练习。也可以在逐步掌握每个分解动作的要领后，逐渐将各种手法动作组合起来练习。

9.6.5　步型课后练习

1. 站桩

站桩是武术的基本功之一，有助于培养正确的姿势和呼吸方式。青少年可以在课后选择一个安静的地方，配合呼吸进行站桩练习，增加下肢力量。

2. 静态练习

在掌握基本步型后，可以进行静态练习。如在弓步和马步的练习中，可以保持一定的姿势，如前腿屈膝向前弓出，后腿绷直向后蹬出，保持身体平衡。

3. 步型组合练习

在静态练习的基础上，进行步型组合练习。如可以将弓步和马步组合起来进行练习，不断循环练习。

4. 活步练习

在步型组合练习的基础上，进行活步练习。如在弓步和马步的组合练习中，可以加上一些移动动作，如向前或向后移动脚步，增加练习的难度和灵活性。

9.6.6　步型训练计划制订

个人训练时间和计划应根据自身的情况和需求进行调整。每周进行 3～5 次专门步型训练，每次训练 20～30 分钟。

站桩练习和单一步型的静态练习时，应注意循序渐进，逐步加长练习时间，避免肌肉劳损。在进行步型组合练习时，可将健身长拳、健身南拳套路中的步型动作拆分为 2～3 组步型组合动作，反复进行练习，以提高步型的稳定性。对于容易失误的步型动作，可以进行专门的单一动作重复练习。

9.6.7　步法课后练习

除专门的步法练习外，可运用一些常规的准备活动进行步法练习。

1. 平衡步

单脚支撑站立，另一只脚抬起，用脚底贴紧地面滑动，控制身体平衡，同时双手可以向前伸直或举过头顶，增加难度可以尝试闭上眼睛完成。

2. 侧滑步

双脚侧向移动，膝盖弯曲，双手可以向左右伸直或交叉置于胸前，练习时注意控制身体平衡。

3. 高抬腿

将腿部高抬至与地面平行，然后快速下踩地面，感受腿部和腰部肌肉的用力，同时配合呼吸。

4. 垫步

一只脚向前垫步，另一只脚快速跟上，双脚交替进行，练习时注意节奏和轻盈度。

5. 交叉步

双脚交叉移动，先向前交叉再向后交叉，练习时注意步幅和重心的控制。

6. 跑跳步

双脚快速跑动并配合跳跃动作，跳跃时注意用力和协调的配合，练习时可以逐渐增加难度。

9.6.8　步法训练计划制订

个人训练时间和计划应根据自身的情况和需求进行调整。每周进行 1～3 次专门步法训练，每次训练 20～30 分钟。

可根据个人情况和训练目标，选择相应的步法进行练习，包括基本步型与步法组合、身法与步法的结合练习等。例如组合练习时，是将不同的步型、步法进行组合，如进步、退步、插步等步法与弓步、马步、仆步等步型进行组合练习，以提高步法的灵活性和协调性。

9.6.9 套路课后练习

1. 单一动作练习

选择某个特定的动作进行反复练习，重点在于掌握动作的正确性、力度和节奏感。

2. 组合动作练习

将几个相关的动作组合在一起进行练习，重点在于掌握动作之间的衔接和熟练度。

3. 分段练习

将套路分成若干段，分别进行练习，重点在于掌握各段落的动作细节和连贯性。

4. 整套练习

按照套路的顺序进行完整练习，重点在于掌握全套动作的连贯性、协调性和节奏感。

在练习过程中，还可以结合其他方法，如重复训练法、变换训练法等，以增加练习的难度和效果。

9.6.10 套路训练计划制订

套路的训练计划可根据个人训练时间和需求自主调整进行。每周建议进行 1~3 次训练，每次训练 30~40 分钟。

应当注意的是，课后练习应以提高套路的熟练度和掌握程度为目标。除了在课堂上学到的动作和技巧外，课后练习是巩固和提升套路掌握程度的重要环节。课后练习时，要注意动作的细节和质量，要确保每个动作都做到位，不仅要注意姿势的正确性，还要注意呼吸的配合和力度的掌握。此外，武术套路讲究节奏感和协调性，因此在课后练习中要注重培养正确的节奏感和协调性。要学会在套路中保持稳定的节奏和流畅的动作，这需要进行大量的练习和反复的实践。

9.7 安全注意事项

9.7.1 认真坚持做好准备活动

武术动作的幅度比日常生活中肢体活动的幅度要大得多，而且常伴有变化方向、起伏折叠。通过准备活动能使肌肉的黏滞性减少、伸展性提高，避免运动时拉伤肌肉，同时增加关节的灵活性和活动幅度，避免扭伤关节。准备活动应包括集中注意力，活动各部位关节，动员内脏机能三项内容。

9.7.2 始终坚持基本功训练

武术基本功包括桩功、腿功、腰功和臂功等各种功法。对于习武者来说，始终坚持基本功练习，能促进身体全面发展，有助于预防局部慢性劳损，还能使运动者的专项身体素质保持在一定的水平上，避免素质下降，承担不了运动负荷而造成损伤。因此，始终坚持基本功练习，被武术学练者视为预防损伤的根本措施。

9.7.3 严格遵循正确的技术要领进行训练

动作不符合技术要求或对动作要领理解错误，会引起损伤。如果训练中不按照动作要求进行练习，时间久后则会造成膝关节、髋关节的酸痛情况，导致不能正常参加训练，说明掌握正确的技术要领，是预防损伤的一大要素。

9.7.4 注意损伤多发部位的预防

武术运动员的损伤多发生在下肢和腰部。套路技术中腰部动作较多，腰部长期负荷过多，会导致腰肌劳损。此外，武术运动中含有很多起伏和跳跃动作，对膝关节的力量和柔韧要求较高。因此，应注意加强下肢、腰腹部力量和柔韧训练，训练前的准备活动中包含蹲跳、腰部俯仰旋转等活动，这些都是预防劳损的重要手段。

9.7.5 循序渐进安排运动量

武术运动训练中，不能急于求成，必须坚持循序渐进的原则，按照由浅入深、由易到难的顺序去学习武术动作，每次练习课中，既要突出重点动作的训练，又要考虑身体的全面锻炼和发展，动作数量和练习密度也应逐步增加，不要操之过急。

9.7.6 注意服装、场地和器械的影响

练习武术时，服装要合身，鞋袜要合脚，而且不发滑。练习场地要平坦、干净。使用器械类辅助训练时，要先检查器械是否完好。

第 10 章 运动损伤的预防与康复

10.1 常见的运动损伤及预防

随着全民健身、休闲体育的推广，以及竞技体育水平的逐渐提高，运动损伤发生的可能性大幅增加。运动损伤（Sports injury）是指在进行体育活动和锻炼中，由于运动方式、时间、强度等多种因素所造成的躯体受到的各种不适和伤害。常见的运动损伤包括扭伤、拉伤、挫伤、骨折和脱臼等，并且可能发生在躯体的各个部位，如肌肉、关节、韧带、软骨及骨骼等。

当人体进行不同负荷、不同种类的运动时，肌肉、关节等会受到不同程度的压力和挑战，这可能导致一些伤害和疼痛。例如：当肌肉在运动过程中受到外力撕扯，或者在运动过程中肌肉过度伸展或过度收缩时产生过度牵张，都会造成肌纤维的破坏从而形成肌肉拉伤；当进行过于激烈的运动或受到撞击时，骨头可能会发生裂缝、骨折或脱位等损伤；当进行过强的冲击或扭曲时，关节软骨可能会受到损伤和磨损，甚至导致关节炎等慢性疾病。

10.1.1 上肢运动损伤

1. 锁骨骨折

锁骨呈"S"形，位于胸骨与肩峰之间，是连接上肢与躯干之间的唯一骨性支架。锁骨处在皮下表浅位置，受到外力易发生骨折，常见于体操、摔跤、足球等运动项目。

损伤机制：间接和直接暴力均可引起锁骨骨折。间接暴力引起的锁骨骨折更为常见，如摔倒时手肘或肩关节直接接触地面，力量由手臂或肘关节向心冲击或撞击肩关节引起锁骨骨折，这种骨折多为横断形或斜形骨折，位置好发于中外1/3 处。直接暴力引发的锁骨骨折因着力点的不同而结果不同，多为粉碎性或横断性骨折。

2. 肩关节脱位

肩关节脱位是最为常见的关节脱位，约占全身关节脱位的 50%。其中，大部分为肩关节前脱位，极少部分为肩关节后脱位。

损伤机制：肩关节脱位主要损伤机制分为直接暴力与间接暴力两种，其中直接暴力更为多见，间接暴力又可分为传导暴力和杠杆暴力作用两种。

（1）直接暴力。如运动中的碰撞、车祸或其他意外事故中的冲击等。若暴力从前侧向后直接打击肱骨头，或者上臂极度内旋、内收跌倒时，手或肘部着地，使肱骨头冲破关节囊后壁和关节盂软骨而滑向肩胛盂后的肩峰下或肩胛冈下时，则形成肩关节后脱位。

（2）传导暴力。如当人体的上肢受到强大的冲击或拉力时，这种力量会从手臂、肘关节传导至肩关节，导致肩关节脱位。这种损伤通常与剧烈的运动、撞击或跌倒等活动有关。

（3）杠杆暴力作用。如在一次跌倒中，当人用手臂支撑身体重量并产生力矩时，如果力矩超过了肩关节的稳定范围，就可能导致肩关节脱位。

3. 肩袖损伤

肩袖又称旋转袖，是包绕肱骨头的肌肉—肌腱复合体，位于肩峰和三角肌下方，与关节囊联系密切，是维持肱骨头与关节盂的正常支点关节和维持盂肱关节动力稳定的重要结构。肩袖损伤是引起肩周疼痛、肩关节功能障碍最常见的疾病之一，常发生在需要肩关节极度外展的反复运动中（如自由泳、仰泳、蝶泳、棒球、举重、拍球运动等），如果不及时治疗，可能出现肩关节不稳或继发性关节挛缩症，导致关节功能障碍。

损伤机制：主要分为间接暴力、退行性变和慢性劳损三种。

（1）间接暴力。如摔倒时用手撑地、手臂外侧抵挡撞击时可出现肩袖损伤。

（2）退行性变。随着年龄的增长，老年人的肩袖组织可发生退行性变，提拉重物、过度活动，甚至轻微受力都可导致肩袖损伤。

（3）慢性劳损。类似搬运工工作的重体力劳动者、专业运动员等由于长期过度用肩，反复撞击、磨损，造成了慢性的肩袖损伤。以上肢运动和冲撞为主的体育运动员肩袖损伤发病率高，常见引起肩袖损伤的体育运动有投掷类、划船、举重、橄榄球、足球、游泳等。

4. 肩峰下滑囊炎

肩峰下滑囊介于三角肌深面与喙肩弓及肩肱关节外侧面之间。肩峰下滑囊分为肩峰下和三角肌下两部分，两者中间可能有一薄的中隔，但大多数是相通的。滑囊将肱骨大结节与三角肌、肩峰突隔开，使肱骨大结节不致在肩峰下面发生摩擦。

损伤机制：肩峰下滑囊炎，可因直接或间接外伤引起，但大多数病例是继发于肩关节周围组织的损伤和退行性变，尤以滑囊底部的冈上肌腱的损伤、退行性变、钙盐沉积最为常见。肩峰下滑囊由于损伤或长期受挤压、摩擦等机械性刺激，使滑囊壁发生充血、水肿、渗出、增生、肥厚、粘连等无菌炎症反应。

5. 肩峰撞击综合征

肩峰撞击综合征，又称卡压综合征、肩疼痛弧综合征，是指由多种原因导致的肩峰下间隙减小，进一步导致肩峰下滑囊的无菌性炎症、肩袖损伤或撕裂等一系列的临床症状，包括肩袖肌腱病变、肩袖部分撕裂或全部撕裂、肩峰下滑囊炎以及钙化性肌腱炎等病症。肩峰下撞击综合征可导致肩关节外展后疼痛、活动度减小，肩关节周围肌群和功能减弱或丧失。

损伤机制：肩峰前外侧缘下方的钩状结构、肩锁关节下表面的骨赘或大结节骨折后的畸形愈合使肩袖在肱骨和肩峰前面之间受到挤压，反复的挤压撞击使肩峰下滑囊及肌腱发生损伤、退变，甚至发生肌腱断裂（冈上肌腱断裂常见）。肩关节不稳导致肩峰下撞击的机制主要有两点：

（1）当肩袖肌腱、韧带出现撕裂、病变进而对肱骨头的稳定能力下降时，肱骨头在肩关节运动时可能会上移到关节盂内，发生撞击。

（2）当肩胛骨周围肌肉肌力下降或者出现肩胛运动障碍（即疲劳后）时，会导致肩胛运动控制失常，造成肩峰下间隙减小，增加撞击概率。

10.1.2　躯干及髋关节运动损伤

1. 腰肌劳损

损伤机制：腰肌劳损的损伤病因较为复杂，大多与职业、生活习惯、环境、外伤、劳动等有关。

（1）腰背部肌肉力量不足或运动训练不合理导致腰背部负担过重，腰部肌肉、筋膜及韧带持续性牵拉，肌肉内压增加，供血受阻，引起肌纤维在收缩时消耗的能源不能及时补充，局部产生积聚过多的乳酸，抑制腰部正常的代谢，这些产物不能及时清除，引发炎症、粘连，经常反复导致组织变性，引起慢性腰痛。

（2）急性腰部扭伤后得不到及时治疗、治疗不彻底或过早投入训练，致使损伤后的腰肌筋膜不能完全修复，血肿吸收不好，渗出物纤维化，局部存在慢性无菌性炎症，微循环障碍，乳酸等代谢产物的堆积，刺激神经末梢而引起症状。

（3）久坐、久站、持重物等长期反复的高负荷腰部运动导致腰部肌肉长时间处于紧张高张力的状态。

2. 股四头肌损伤

股四头肌包括股直肌、股内侧肌、股中间肌、股外侧肌，于末梢形成股四头肌腱附着于髌骨的上缘。

损伤机制：

（1）膝关节伸肌功能的丧失可能由于股四头肌，股四头肌肌腱、髌韧带的撕裂，髌骨横行骨折及胫骨结节的撕脱引起的。每个部位损伤的机制是相似的，与屈膝力量相反的股四头肌强烈的收缩有关。

（2）股四头肌损伤者受到直接暴力（如打、砸、撞等）强烈外界作用，且作用于大腿前侧时，容易引起股四头肌挫伤，不足以使肌肉的功能完全丧失。股四头肌损伤者在剧烈奔跑或突然踢物的过程中，股四头肌猛然收缩，导致股四头肌过度拉长，从而发生肌肉拉伤。

（3）股四头肌肌腱损伤是由于急性损伤或慢性劳损所致。急性损伤后股四头肌纤维出现撕裂等，慢性损伤后出现出血、水肿、机化等，从而影响股四头肌肌腹和肌腱的活动，造成股四头肌功能障碍。

3. 腘绳肌损伤

腘绳肌是大腿后侧的肌群，包括半腱肌、半膜肌、股二头肌长头，腘绳肌与股四头肌相对应。股二头肌长头、半腱肌、半膜肌收缩动作是髋伸展和膝屈曲，股二头肌短头收缩动作是膝屈曲。它收缩的主要功能就是屈膝和后伸髋关节，是维持膝关节稳定性，尤其是防止胫骨过度前向错动的重要动力性稳定结构，短跑运动员易发生腘绳肌的扭伤、撕裂等形式的损伤。

损伤机制：腘绳肌和与其相抗的肌群—股四头肌（大腿前方的肌群）相比是较弱的。如果腘绳肌的肌力不足股四头肌的 60%，股四头肌的过分用力就极易造成腘绳肌损伤。损伤后，每当腘绳肌突然剧烈地收缩时，就会在大腿后方引起突发、剧烈的疼痛。在短跑运动中，腘绳肌努力使向外摆动的小腿胫骨减速。而当脚掌落地时，腘绳肌的功能则是尽可能的牵拉伸展髋部后方，使髋关节伸直。如此轮流交替进行，才使另一条腿得以迈向前方。这个运动时相中，在迈出脚落下打在地面之前，腘绳肌（通常是股二头肌部分）

由于被最大幅度地活动和牵拉（接近于最大肌肉长度）变得容易受损伤。股二头肌长头是最常见的腘绳肌损伤，肌肉—肌腱连接处和邻近的肌肉纤维是最常见的断裂部位。

4. 髂胫束综合征

髂胫束综合征（ITBS）指各种原因引起的髂胫束及周围结构的异常。髂胫束是膝后外侧复合结构（posterior lateral complex，PLC）浅层的一部分，膝关节后外侧结构分为静力装置和动力装置。动力装置包括股二头肌腱、髂胫束、腓肠肌外侧头，其功能在膝关节运动时除了屈膝以外还协同静力装置限制胫骨外旋及膝内翻，大大加强了膝关节后外侧的稳定性。其损伤将导致膝关节后外侧旋转不稳定，如果没有早期正确的诊断和治疗将出现明显的功能丧失。

损伤机制：髂胫束综合征的发病机制包括外因和内因。

（1）外因与运动相关，目前存在争议。摩擦说认为，股外侧髁具有比较隆突的特点，当膝关节反复高强度做屈伸动作时，股骨外侧髁与髂胫束摩擦产生无菌性炎症，其中膝关节屈曲30°时摩擦最明显。压力说认为，髂胫束被牢牢固定位于膝关节侧方，与股骨外侧髁不会发生摩擦，但是膝关节运动时髂胫束会做周期性的收缩，每次收缩都会对位于髂胫束与股骨外侧髁之间富含血管神经的脂肪层产生压力，进而导致疼痛。

（2）内因包括各种导致膝关节力学结构改变的因素，如弓形腿、双下肢不等长和足内翻等解剖学异常，以及臀部外展肌群力量薄弱。

10.1.3 膝关节运动损伤

1. 膝关节十字韧带损伤

膝关节十字韧带是膝关节重要的稳定结构，呈铰链式连于股骨髁间窝及胫骨的髁间隆起之间，可防止胫骨沿股骨向前后移位。前交叉韧带（ACL）起自股骨外侧髁的内侧面，斜向前下方，止于胫骨髁间隆起的前部和内、外侧半月板的前角。后交叉韧带（PCL）起自股骨内侧髁的外侧面，斜向后下方，止于胫骨髁间隆起的后部和外侧半月板的后角。当膝关节活动时，两条韧带各有一部分纤维处于紧张状态。因此，除前交叉韧带能防止胫骨向前移位，后交叉韧带能防止腿骨向后移位外，还可限制膝关节的过伸、过屈及旋转活动，交叉韧带损伤常与胫侧副韧带或半月板损伤同时发生。

损伤机制：膝关节伸直位下内翻损伤和膝关节屈曲位下外翻损伤都可以使前交叉韧带断裂。膝关节处于屈曲位或伸直位，来自前方的使胫骨上端后移的暴力都可以使后交叉韧带断裂。一般由于运动不当或暴力伤引起，分为部分撕裂和完全断裂。

2. 半月板撕裂

半月板是在胫骨关节面上有内侧和外侧半月形状骨，其边缘部较厚，与关节囊紧密连接，中心部薄，呈游离状态，是位于组成膝关节的两块主要骨骼之间的由弹性软骨构成的"C"形缓冲结构。半月板可以起缓冲作用，从而防止关节面软骨受冲击造成的损伤。

损伤机制：

（1）内侧半月板的损伤机制（半月板的结构和关节的矛盾运动）。当膝关节处于半屈位时，由于其结构特点使它处于一种不稳定状态，同时内侧半月板在内侧副韧带的牵拉下向后移位，突然爆发用力伸直膝关节时，半月板整体要向前移动，同时还伴有半月板前脚及前半部内旋和后半部外旋，前移同时加矛盾式的旋转，再加之半月板外缘厚，这就极易造成内半月板前脚或外缘受到股骨内侧髁的下面和胫骨内上髁的上面两个关节面的猛力挤压，极易造成半月板整体、部分分层撕裂或前脚或外缘压碎式损伤。

（2）外侧半月板的损伤机制（外半月板的结构和反复频繁磨研）。正常膝关节都有轻度外翻，相对于内侧半月板，外侧半月板较小且不与外侧副韧带相连，这就造成它随膝关节角度的变化前后移位较大。构造较小所以其外缘不会"跑出"上下两骨关节面外缘而被挤压。因此，外侧半月板的外缘受损的概率较小。不论膝关节角度怎样变化，外侧半月板始终处于一种被研磨状态。膝关节由半屈位伸直但发力突然时，关节的不稳定因素依然存在，同时矛盾运动也依然存在，会造成外半月板的某一小区域受力过大超过生理承受范围受损。

3.髌骨软化症

髌骨软化症（Patellar Malacia）是一种常见的膝盖病变，其特征是髌骨软骨的退化和软化。这种病症通常发生在年轻人和运动员身上，尤其是女性。

损伤机制：髌骨软化症的损伤原因目前尚不完全清楚，但以下因素被认为与该疾病有关。

（1）不当的运动。过度活动、剧烈运动或不正确的运动姿势可能导致髌骨过度受力，进而引发髌骨软化症。

（2）肌肉失衡。膝关节周围肌肉的不平衡或功能异常，可能会导致髌骨没有得到适当的支持，从而引发软骨退化。尤其是女性膝关节提携角大，并且股内侧肌肌力与股外侧肌肌力差较大。

（3）骨骼异常。髌骨畸形、腿长不等等骨骼异常可能增加髌骨软化症的风险。

（4）外伤。膝盖部位的受伤或外伤事件，如直接撞击或扭伤，可能导致髌骨软化症。

（5）骨质疏松。骨质疏松患者由于骨密度减少，可能导致髌骨软化。

10.1.4 小腿、足踝部运动损伤

1.胫骨结节骨软骨炎

胫骨结节骨软骨炎即 Osgood-Schlatter 病，又称胫骨结节（粗隆）骨髓炎，是青少年运动员的常见病，其特点是胫骨结节部肿胀与疼痛，多见于击剑、举重、田径等项目运动员。胫骨结节软骨炎多发于 11～27 岁的运动员及青少年。因胫骨结节舌状骨骺由胫骨上端及其骨骺前下端向前突出而成。

损伤机制：因为儿童、青少年的胫骨近端骨骺微软，其前缘是舌状下延，至 11 岁左右胫骨骨突的骨化中心出现，至 16 岁左右，胫骨近端骨骺与胫骨突的骨化中心联合成为胫骨结节。而在融合前，该处血液循环来自髌韧带，剧烈运动或外伤时髌韧带过度牵拉骨突，引起部分或全部撕脱，从而影响血液循环，造成骨骺的缺血性坏死，局部组织增厚，而引起疼痛。股四头肌是人体最强大的肌肉，但它的附着点胫骨结节甚小。在该点上经常反复受到较强烈的张力，这样易导致胫骨结节部分或全部撕脱性骨折，常伴有新生骨形成，如此反复导致胫骨结节疼痛或炎症。

2.跟腱炎

跟腱炎（Achilles tendonitis）是一种由于跟腱反复受到剧烈拉伸后产生劳损而引起的退行性病变。多见于跑跳运动员或职业球员等跟腱反复受力的人群，是一种常见的肌腱损伤性疾病。

损伤机制：跟腱是位于踝关节后方的一条大的肌腱，它连接小腿后方的肌肉群到跟骨，是人

类行走、奔跑、攀登等运动不可缺少的工具。由于各种原因造成的过度使用可导致跟腱内的纤维发生慢性损伤，如超负荷的运动、频繁在硬性地面如公路上奔跑、爬山等，均可引起跟腱炎，大约有 11% 的病人因跑步之类的运动损伤引发跟腱炎。而跟腱由于血供不充足常常愈合缓慢。

另外，一些其他原因也可能导致跟腱炎，包括：

（1）身体没活动开或还没有调整好。如果身体状况不适（比如腓肠肌的柔韧性和强度不够）就开始运动，尤其是诸如篮球、网球等需要频繁地停止、起动及跳跃的运动，很容易发生跟腱炎。

（2）锻炼太多、太频繁。如果刚开始一项新的锻炼计划，在锻炼前后一定要进行伸展运动。开始活动的时候要缓慢进行，逐渐增加运动量，而不要太追求进度。如果进行跑步锻炼，过多的上坡跑比较容易导致跟腱炎。

（3）扁平足。扁平的足弓会增加发生跟腱炎的风险，这是因为在行走时，扁平足会导致跟腱承受额外的压力。如果有扁平足，最好穿足弓处有支撑的鞋子或配置矫形鞋垫，以避免跟腱的进一步恶化。

（4）外伤或感染。在有些病例中，跟腱发生炎症是因为跟腱附近受了外伤或有感染。

3. 踝关节扭伤及韧带损伤

踝关节作为人体主要的受力关节之一，在运动中通常受力巨大，因踝关节距骨滑车关节面前宽后窄的解剖特点，踝跖屈时较窄的后部进入关节内，易出现关节扭伤等问题，其中案例最多的为踝关节过度内翻导致的外踝扭伤。运动员日常训练强度大、频率高，特别是体操、跆拳道、击剑、篮球等运动项目，关节常处于不稳定的屈状态，更容易发生扭伤。

损伤机制：踝关节扭伤是指在外力作用下，踝关节骤然向一侧活动而超过其正常活动度时，引起关节周围软组织如关节囊、韧带、肌腱等发生撕裂伤的一种疾病。踝关节扭伤后出现疼痛、肿胀、活动受限、功能障碍等问题，直接影响到日常生活，运动员则无法进行训练，影响运动员训练计划和比赛任务。

4. 足底筋膜炎

足底筋膜炎是足底肌腱和筋膜过度拉伸导致的无菌性炎症，常发生于需要重复跳跃和山地跑的运动人群。

损伤机制：足底筋膜是起自足底跟骨内侧面与韧带联合至脚趾的纤维带。当足跟抬起，脚趾与趾骨之间的角度增加，筋膜处于拉伸状态。脚趾越弯曲，筋膜紧张度越大，起到稳定抬高纵弓的作用。通常在人体全足着地阶段，足弓变低，足底筋膜伸展从而为足趾蹬地提供弹性势能。但是当后足落地过度内旋时，或者第一跖趾关节活动性较差，将导致足底筋膜被过度拉伸造成损伤；反复拉伸和紧张的筋膜也是足底筋膜损伤的潜在因素，可能会引起筋膜起点、应力集中点和止点的细微撕裂；跟腱过短、高足弓、高跟鞋、不合适的运动鞋和较硬的路面，都是可能诱发足底筋膜炎的原因。

10.2　常见运动损伤的康复训练

10.2.1　上肢运动损伤康复训练

1. 锁骨骨折康复训练

锁骨骨折康复训练

1）早期训练（术后 1~2 周）

（1）手指关节活动锻炼。手指完全伸直 10 秒，握拳 10 秒，每组 100~200 下，每天 3~4 组。

（2）腕、肘关节活动锻炼。指导患者主动锻炼腕关节的掌屈背伸及绕尺骨侧偏训练，每组 60 次，每天 3 组。在无重力作用下，做屈伸关节训练，每组 30~60 次，每天 3 组。禁止患侧卧位。坐位时保持上臂肘部与胸部处于平行位。立位时，应用悬臂带抬高制动患肢。

2）中期训练（术后 3~4 周）

（1）继续坚持术后 1~2 周的功能训练方法。

（2）肩关节前屈上举。

3）后期训练（术后 4 周以后）

（1）继续坚持术后 1~2 周及 3~4 周的各项功能训练方法。

（2）肩关节活动训练，于站立位进行患者爬墙训练，逐步增大爬墙高度，先进行增大前屈角度的训练，然后再进行增大外展角度的训练，直至恢复患肩功能。

（3）肩关节全面功能锻炼。

（4）骨折基本愈合，徒手练习肩关节的环转运动（画圈圈）及肩内收运动。

2. 肩关节脱位康复训练

肩关节脱位康复训练

1）早期训练（术后 1~2 周）

（1）伸指、握拳练习。保持 2 秒，放松后重复，每小时练 5~10 分钟。

（2）腕关节的主动屈伸练习。每组 30 次，每天 3~4 组。

（3）肱二头肌、肱三头肌等长收缩练习。每组 30 次，每天 3~4 组。

2）中期训练（术后 3~8 周）

（1）主动功能锻炼。循序渐进加大力度，每次 10 分钟，每天 4~6 次。鼓励患者主动进行肩关节各个方向的活动。

（2）钟摆练习。肩关节被动行前屈上举、外旋、外展、内收、内旋、爬墙等功能练习。

（3）不同角度肩周肌肌力等长收缩训练和肩周肌肌力抗阻训练，提高肩关节的稳定性，增加肩关节活动度训练。

3）后期训练（术后 12 周以后）

（1）全面的主动活动。患肢伸直、向前向后摆动上肢，逐渐向前向后旋转上肢，加大弧度到 180°。

（2）进行一些使用肩关节的运动，根据患者的兴趣爱好或专项选择游泳、网球、羽毛球、跳绳等运动。

3. 肩袖损伤康复训练

肩袖损伤的康复训练

1）早期训练（术后 1~6 周）

（1）主动练习手、腕和肘部的屈伸活动。

——伸指、握拳练习。保持 2 秒，放松后重复，每小时练 5~10 分钟。

——肘部屈伸、旋转。固定患侧上臂以确保肩部制动，再进行肘部的屈伸和旋转活动。每天练习 2~3 次，每次 5~10 下，以不疲劳为宜。

（2）被动活动肩关节的训练。

——钟摆、划圈训练。健手辅助患侧上肢，进行前、后、左、右摆动和逆、顺时针划圈运动。

——患肢被动前屈、被动外旋等。每天练习 2~3 次，每次 5~10 下，以不疲劳为宜。

——肩关节外展肌力训练。指导患者以静态肌力练习为主，手臂侧平举至无痛水平，保持 1~2 分钟，每天 2~3 次，每次 5~10 次。

2）中期训练（术后 7~12 周）

（1）肩关节活动度训练。

——双手爬墙运动。每次练习 5~10 分钟，每天 2~3 次，逐渐提升练习高度。

——患肢内收运动。患肢屈肘、内收，健手辅助其尽力触摸健侧肩胛部，每天练习 2~3 次，每次 15~20 下。

——患肢后伸运动。双手放于身后，患肢屈肘内旋，健手辅助其尽力触摸健侧肩胛部，每天练习 2~3 次，每次 15~20 下。

（2）采取渐进式牵拉和力量训练。

借助弹力带在无痛情况下进行肩关节外展训练，增强肌力。

3）后期训练（术后 12 周以后）

前述阶段功能锻炼的基础上，进行抗阻力锻炼，加强肩部力量，增加各方向的主动、被动训练强度。如哑铃锻炼，患肢持 2~3 千克的哑铃行肩关节外展、上举练习，8 次为一组，每天 1~2 组。

4. 肩峰下滑囊炎康复训练

肩峰下滑囊炎康复训练

1）利用门、桌子等进行肩关节各方向牵拉

每天 3 组，每组 5~10 个，每次需持续 10~20 秒。

（1）门框胸肌牵拉训练：上臂外展，屈肘前臂置门框。躯干缓慢转向对侧，直到感觉到了胸肌牵拉感。

（2）肩关节后牵拉训练水平内收：前屈 90° 水平面内收肩关节，对侧手在肘关节处加力帮助牵拉。

（3）肩前屈牵引训练：立位，面向墙壁，手向上滑动，缓慢靠近墙面以增加牵引。

2）利用哑铃、弹力带等进行各方向力量练习

每天 2~3 组，每组 15 个，到达终末点时需持续 5~10 秒。

（1）肩关节体侧抗阻内外旋训练：每组 10 次，每天 2~3 组。

（2）肩关节抗阻后伸训练：每组 10 次，每天 2~3 组。

（3）肩关节抗阻前屈训练：每组 10 次，每天 2～3 组。

（4）复合运动训练：可让患者进行小运动量的游泳、慢跑和球类运动等练习，以恢复患者上肢的协调性和运动的精确性，但半年内不建议进行竞赛类运动。

5. 肩峰撞击综合征康复训练

肩峰撞击综合征康复训练

1）运动控制 / 力量训练

（1）弹力带抗阻外旋 / 内旋：每组 10 次，每天 2～3 组。

（2）弹力带抗阻后伸：每组 10 次，每天 3～5 组。

（3）弹力带肩胛骨回缩：每组 10 次，每天 3～5 组。

（4）抗阻肩胛骨前屈：每组 10 次，每天 3～5 组。

（5）抗阻（0～90°）肩外展 / 前屈：每组 10 次，每天 3～5 组。

（6）抗阻（45～90°），肩外旋 / 内旋：每组 10 次，每天 3～5 组。

2）牵伸训练

（1）门框胸肌牵拉训练：上臂外展，屈肘，前臂置门框。躯干缓慢转向对侧，直到感觉到了胸肌牵拉感。

（2）肩关节后牵拉训练：前屈 90°，水平面内收肩关节，对侧手在肘关节处加力帮助牵拉。

（3）肩外旋木棍牵拉训练：患侧上肢屈肘手握木棍一端，健侧握木棍的另一侧用力通过木棍

对外旋加压。

（4）肩内旋毛巾牵拉训练：双手背后反握毛巾，患侧在下，健侧在上并用力提拉，牵引患侧内旋。

10.2.2　躯干及髋关节运动损伤康复训练

1. 腰肌劳损康复训练

腰肌劳损康复训练

1）疼痛控制

（1）腹式呼吸：缓慢深长的腹式呼吸，可以刺激脊柱深层的肌肉，对于稳定脊柱，缓解疼痛有很好的作用和疗效。

（2）麦肯基疗法：俯卧平躺，双臂放在身体两侧，头转向一侧。保持这一姿势，做几次深呼吸，呈完全放松状态 2～3 分钟。

2）核心稳定性训练

（1）死虫训练：每组 10～20 次，每天 3～4 组。

（2）四点跪位训练：每组 10～15 次，每天 3～4 组。

（3）仰卧臀桥：每组 10～15 次，每天 3～4 组。

3）核心力量训练

（1）平板支撑：保持 40 秒～1 分钟，每天 2～3 组，间歇 30 秒。

（2）俄罗斯转体：每组 10～20 次，每天 3～4 组，间歇 30 秒。

（3）仰卧卷腹：每组 10～15 次，每天 3～4 组，间歇 30 秒。

2. 股四头肌拉伤康复训练

股四头肌拉伤康复训练

1）缓解疼痛与肿胀

按运动损伤应急处理流程采取相应措施。

2）力量训练

靠墙静蹲，依次做虚步、保加利亚蹲、坐姿腿屈伸、倒蹬机、螃蟹步等动作。每个动作2~3组，每组做10~15个，间歇1分钟。

3）下肢稳定控制能力及协调能力

波速球稳定性训练，保持40秒~1分钟，2~3组，间歇30秒。

4）绳梯训练

每个动作2~3组，间歇1分钟。

5）拉伸松解

股四头肌、髂腰肌拉伸，静态拉伸，每个动作40秒~1分钟，2~3组，间歇30秒。

3. 腘绳肌拉伤康复训练

腘绳肌拉伤康复训练

1）缓解疼痛与肿胀

按运动损伤应急处理流程采取相应措施。

2）力量训练

依次做坐姿后勾腿、长臀桥、硬拉、单腿臀桥、壶铃上下台阶、螃蟹步等动作。每个动作2~3组，做10~15个，间歇1分钟。

3）下肢稳定控制能力及协调能力

（1）波速球稳定性训练，保持40秒~1分钟，2~3组，间歇30秒。

（2）绳梯训练，每个动作2~3组，组间间歇1分钟。

4）拉伸松解

腘绳肌拉伸、静态拉伸，每个动作40秒~1分钟，2~3组，间歇30秒。

4. 髂胫束综合征康复训练

髂胫束综合征康复训练

1）肌肉松解

可以选择泡沫轴放松肌肉，进行运动后身体机能恢复、避免慢性损伤积累、减少慢性疼痛，提高运动表现。需要重点放松的肌肉主要有髂胫束、阔筋膜张肌、臀大肌。

2）力量训练

依次做侧抬腿、蚌式开合、螃蟹步、臀大肌离心训练、平衡垫单腿站姿髋外展等动作。每个动作2~3组，做10~15个，间歇1分钟。

3）本体感觉训练

波速球平衡训练。保持40秒~1分钟，2~3组，间歇30秒。

10.2.3　膝关节运动损伤康复训练

1. 膝关节十字韧带损伤康复训练

膝关节十字韧带损伤康复训练

1）术后一阶段（术后 1~4 周）

（1）镇痛：冰敷 15~20 分钟。

（2）肌力训练：踝泵训练，保持 10 秒，每组 12 次，4 组，组间休息 10 秒；直腿抬高，保持 5 秒，每组 12 次，4 组，间歇 10 秒。

（3）平衡训练：保护下双足左右分开，在微痛范围内左右移动重心，争取单腿负重保持 2 分钟，完成 4 组。

（4）关节活动度训练：卧位足跟滑动，每组 12 次，4 组，组间间歇 10 秒；髌骨松动 5~10 分钟。

2）术后二阶段（术后 4~6 周）

（1）肌力训练：选择合适沙袋或者弹力圈，渐进抗阻直腿抬高，保持 5 秒，每组 12 次，4 组，组间休息 30 秒；靠墙静蹲，屈膝角度维持在 30°~90°，保持 1 分钟，4 组，间歇 30 秒；蚌式开合，2~3 组，每组 10~15 个，间歇 1 分钟。

（2）平衡训练：依次做双腿多平面支撑、扶墙单腿负重、单腿负重、单腿负重干扰训练，每个动作 2~3 组，每组 10~15 个，间歇 1 分钟。

（3）关节活动度训练：半蹲训练，2~3 组，每组 10~15 个，间歇 1 分钟；髌骨松动，5~10 分钟。

3）术后三阶段（术后 6~12 周）

（1）肌力训练：依次做靠墙静蹲、保加利亚蹲、坐姿腿屈伸、螃蟹步、俯卧勾腿等动作。每个动作 2~3 组，每组 10~15 个，间歇 1 分钟。

（2）关节活动度训练：坐位抱膝 5 分钟；跪坐练习 5 分钟。

（3）平衡训练：波速球稳定性训练，保持 40 秒~1 分钟，2~3 组，间歇 30 秒。

2. 半月板撕裂康复训练

半月板撕裂康复训练

1）术后一阶段（术后 0~3 周）

（1）主动关节活动度（AROM）：在耐受范围内在台阶上进行 AROM 牵伸训练，每天训练 3 次。

（2）髌骨松动技术：上下左右推动髌骨，特别是从上、下方向推拉髌骨，每天 2~3 次，每次治疗时间控制在 10 分钟。

（3）伸膝训练：在足跟下垫一个毛巾卷，嘱咐患者反复施力膝关节按压毛巾卷。

（4）直腿抬高训练：患者仰卧位，屈髋伸膝，做直腿抬高训练，每次练习 10 次，每次 2~3 组，在过程中保持患膝伸直。

2）术后二阶段（术后 3~6 周）

（1）髌骨松动技术：这一阶段的髌骨比较前一阶段更加松动，每天 2~3 次，每次治疗时间控制在 10 分钟。

（2）肌力训练：渐进抗阻直腿抬高保持 5 秒，每组 12 次，4 组，间歇 30 秒；靠墙静蹲，保持 1 分钟，4 组，组间休息 30 秒；蚌式开合，2~3 组，每组 10~15 个，间歇 1 分钟。

（3）平衡训练：依次做双腿多平面支撑、扶墙单腿负重、单腿负重、单腿负重干扰训练等动作。每个动作 2~3 组，每组 10~15 个，间歇 1 分钟。

3）术后三阶段（术后 6~12 周）

（1）肌力训练：依次做靠墙静蹲、保加利亚蹲、坐姿腿屈伸、螃蟹步、俯卧勾腿等动作。每个动作 2～3 组，每组 10～15 个，间歇 1 分钟。

（2）关节活动度训练：坐位抱膝 5 分钟，跪坐练习 5 分钟。

（3）平衡训练：波速球稳定性训练，保持40 秒～1 分钟，2～3 组，间歇 30 秒。

3. 髌骨软化症康复训练

髌骨软化症康复训练

（1）股四头肌的锻炼：做直腿抬高、靠墙静蹲、股四头肌的器械练习等，尤其要重点注意股四头肌内侧，每个动作 2～3 组，每组 10～15个，间歇 1 分钟。

（2）臀部肌肉的锻炼：蚌式开合，2～3 组，每组 10～15 个，间歇 1 分钟。

（3）小腿三头肌的放松：站立斜坡，保持40 秒～1 分钟，2～3 组，间歇 30 秒。

（4）髌骨的松动：髌骨向内下滑动来持续性被动牵拉髌骨外侧支持带，防止髌骨外移。

（5）闭链运动：依次进行提踵、单腿下蹲和身体前冲练习，从单腿进展至双腿。

10.2.4 小腿、足踝部运动损伤康复训练

1. 胫骨结节软骨炎康复训练

胫骨结节软骨炎康复训练

1）早期康复阶段

（1）疼痛管理：采用冷敷和非甾体抗炎药等方法来缓解疼痛和减轻炎症。

（2）活动控制：避免或减少引起疼痛的活动，如跑步、下蹲等。

（3）肌肉控制训练：进行腓骨肌和胫骨前肌的控制训练，如踮脚尖、腓肠肌伸展等，以增强相关肌肉的稳定性和控制能力。

（4）柔韧性训练：进行腓骨肌和胫骨前肌的柔韧性训练，如伸展和放松肌肉等。

2）中期康复阶段

（1）肌肉强化训练：进行腓骨肌和胫骨前肌的强化训练，如单腿踏步、踏步跳等，以增强相关肌肉的力量和稳定性。

（2）平衡训练：进行平衡练习，如单腿站立、平衡板训练等，以提高腓骨肌和胫骨前肌的稳定性和运动控制能力。

（3）动力控制训练：进行腓骨肌和胫骨前肌的动力控制训练，如步态训练、跳跃训练等，以提高运动技能和预防再次损伤。

（4）恢复跑步：逐渐恢复跑步训练，从慢速和短距离开始，逐渐增加距离和速度，但要保持适当的休息和康复。

3）后期康复阶段

（1）功能性训练：进行综合性的功能训练，以恢复日常生活和运动中的正常功能。

（2）运动技巧的练习：进行特定运动技巧的练习，如跑步姿势、踢球动作等，以提高运动表现和预防再次损伤。

（3）持续肌肉强化：进行持续的腓骨肌和胫骨前肌的强化训练，以保持肌肉的力量和稳定性。

（4）返回跑步训练：逐渐恢复正常的跑步水平，包括逐渐增加距离、速度和强度，以及参加比赛或竞技活动。

2.跟腱炎康复训练

跟腱炎康复训练

1）早期：等长收缩的提踵

做双腿站姿提踵、坐姿提踵、单腿站姿提踵等动作，每组保持 45 秒，3～5 组，间歇 1～2 分钟。

2）中期：进入动态阶段

（1）动态双腿站姿提踵：每组 20～25 次，3～5 组，间歇 1～2 分钟。

（2）动态单腿站姿提踵：每组 15 次，3～5 组，间歇 1～2 分钟。

3）后期：反应稳定性训练

（1）小跳动作：持续 30～60 秒，3～5 组，间歇 1～2 分钟。后续可增加高度、调整跳跃方向及变换单侧肢体训练提升难度。

（2）大跳动作：跳箱训练、"Z"形线路跳跃等。持续 30～60 秒，3～5 组，间歇 1～2 分钟。

3.踝关节扭伤及韧带损伤康复训练

踝关节扭伤及韧带损伤康复训练

1）第一阶段

以增大关节活动度，防止肌肉、肌腱、腱鞘粘连的被动牵拉练习为主，练习幅度以无痛和能承受为限。

（1）踝关节主动活动练习：每次 2 分钟。

（2）踝关节被动牵拉练习：牵拉到最大位置时保持 1 分钟，每个方向牵拉 5 次。

（3）静力抗阻练习：每个方向保持 1 分钟，每个方向 5 次。

（4）平衡板练习：受试者从有帮助情况下的双脚平衡板练习过渡到无帮助下的双脚平衡板练习，每次努力维持平衡 15 秒，间歇 10 秒，10 组。持续练习 15 天。

2）第二阶段

以继续增大关节活动，增加肌肉力量的抗阻练习和本体感觉练习为主。

（1）踝关节的主动活动练习：4～5 组，每次 1 分钟。

（2）踝关节跖屈练习：3 组，每组 10 次。

（3）踝关节背伸练习：3 组，每组 10 次。

（4）踝关节内、外翻练习：3 组，每组 10 次。

（5）平衡板训练：双脚左右分开站立于平衡板上，双腿屈曲，维持平衡 30 秒，间歇 20 秒，重复做 5 次。

3）第三阶段

以大力量抗阻训练为主，配合肌肉本体感觉训练。

（1）踝关节的主动活动练习：4～5 次，每次 1 分钟。

（2）踝关节的跖屈、背伸、内外翻抗阻练习：选择练习难度更大的弹力带，3 组，每组 10 次。

（3）平衡板练习：单脚站立于平衡板上，努力维持身体平衡 10 秒，最后 4 秒闭眼，每组 5 次。持续练习 15 天。

4. 足底筋膜炎康复训练

足底筋膜炎康复训练

1）力量训练

通过加强小腿三头肌、胫骨前肌和足踝肌肉的力量，可以增加运动的能力，提高腾空落地时的缓冲能力，减少对足底筋膜的过度牵拉，起到很好地预防和康复作用。

（1）小腿三头肌肌力训练：3组，每组10次。

（2）足底肌肌力训练：3组，每组10次。

（3）胫骨前肌肌力训练：3组，每组10次。

2）柔韧性训练

肌肉紧张会造成下肢骨骼处于非正常的对线状态，这种状态下的动作模式很难正确，而错误的动作模式使足底承受过多的压力，加重足底筋膜炎的症状。

通过牵拉放松小腿肌群和足底肌群，可以改善足踝柔韧性，减少足底筋膜张力，有助于足底筋膜功能的恢复。

（1）小腿三头肌拉伸：保持15～30秒，然后放松，重复3次。

（2）足底肌松解：每次2～3分钟，重复3次。

（3）胫骨前肌拉伸：保持该动作15～30秒，然后放松，重复3次。

10.3 损伤应急处理

10.3.1 骨折及临时固定

1. 骨折原因

（1）直接暴力：暴力直接作用于骨骼某一处而致该部位骨折。

（2）间接暴力：通过纵向传导、杠杆作用或扭转作用使远端部位发生骨折。

（3）积累性疲劳：长期、反复、轻微的直接或间接损伤可致使肢体某一特定部位骨折。

2. 骨折类型

（1）开放性骨折：骨折附近的皮肤或黏膜破裂，骨折处与外界相通。

（2）闭合性骨折：骨折处皮肤或黏膜完整，不与外界相通。

（3）完全骨折：骨头完全分离。

（4）不完全骨折：骨折线部分中断，如裂缝、青枝骨折等。

（5）稳定骨折：复位后经适当外固定不易再发生移位的骨折，如裂缝、横行、青枝等。

（6）不稳定骨折：复位后易发生再移位，如螺旋、斜线、粉碎等。

3. 骨折应急处理

维持骨的正常位置。由于肌肉、肢体重力及其他人为因素的影响，如果骨折仍继续发生移位，易造成二次损伤。如果骨折伴有创口，应先止血、消毒、包扎，然后再固定。

1）上臂骨折

上臂骨折

（1）在上臂垫上柔软衬垫、长短两块夹板，长夹板置于外侧，短夹板置于内侧。

（2）在骨折部位的上下两端用布带固定。

（3）将肘关节屈曲至 90°，使前臂呈中立位。

（4）用三角巾将前臂悬吊于胸前。

（5）用另一三角巾将上臂固定在胸侧。

2）前臂骨折

前臂骨折

（1）在夹板内侧垫柔软衬垫，将两块夹板分别置于前臂的手掌侧和手背侧。

（2）嘱伤员握好夹板，腕关节微屈。

（3）分别用布带固定骨折部位上、下两端。

（4）用三角巾将前臂悬吊于胸前。

3）肩部骨折

肩部骨折

（1）在双肩各放一条三角巾。

（2）三角巾环绕两个肩关节后于背后打结。

（3）拉紧三角巾底角。

（4）充分吸气，双肩充分后张，在后背底角打结固定。

（5）双臂放在前面，一条三角巾将双上肢固定在身体上，背后打结。

4）大腿骨折

大腿骨折

（1）膝、踝处加衬垫，将两块长度从大腿中段到足跟的夹板分别置于小腿的外侧和内侧。

（2）用布带固定骨折部位的上下两端。

（3）随后固定胸、腰、髋、膝、踝和足部，足部用“8”字形绷带固定，使脚掌与小腿成直角。

10.3.2　肌肉拉伤

肌肉拉伤是指肌肉或肌腱受到过度拉伸或撕裂的损伤。肌肉拉伤在体育活动、日常生活中及事故中都非常常见。肌肉拉伤可以发生在任何部位，但最常见的是大腿后侧、腓肠肌、腰部和肩部肌肉。

1）肌肉拉伤的级别

肌肉拉伤主要分为一级拉伤（轻度拉伤）、二级拉伤（中度拉伤）和三级拉伤（重度拉伤）。

（1）一级拉伤指肌肉或肌腱受轻微拉伸，通常会有轻度疼痛和肌肉紧张。

（2）二级拉伤是指肌肉或肌腱受到部分撕裂，会有明显的肌肉疼痛、瘀伤和运动障碍。

（3）三级拉伤是指肌肉或肌腱完全撕裂，通常需要手术干预。

2）肌肉拉伤的症状

肌肉拉伤的症状包括疼痛、肿胀、淤血、肌肉僵硬，以及运动功能障碍。在一些严重的情况下，可能出现肌肉断裂导致明显的畸形。

3）肌肉拉伤应急处理

肌肉拉伤应急处理一般遵循 PEACE&LOVE 原则。

（1）Protect。采取措施保护受伤部位，以避免进一步损害。这包括停止活动或运动，避免用力，避免受伤部位承受额外的压力或重量。可以使用辅助器具或绷带来稳定和保护受伤部位。

（2）Elevation。将患肢摆放在高于心脏的位置，以减轻水肿，促进损伤组织的恢复进程。

（3）Avoid anti-inflammatory modalities。不同阶段的炎症有助于软组织更好地再生，而使用抗炎药物会影响软组织的恢复，尤其是使用较高剂量时。可以通过非处方药物来缓解疼痛和减轻炎症反应，但请在使用前咨询医生或药剂师。

（4）Compression。使用医用胶带或绷带有助于限制关节内水肿和组织出血。踝关节扭伤后使用医用胶带或绷带加压可以减轻肿胀，提高生活质量。

（5）Education。正确的观念及认知有助于损伤的恢复。对于损伤早期来说，完全依靠被动疗法从长远来看效果可能适得其反，积极而主动地康复有助于加快恢复进程。

（6）Load。疼痛肿胀得到控制后，渐进负重。对于大多数患者来说，积极主动的活动和运动都是有益的。尽快地恢复活动有助于损伤部位的恢复。最佳负荷（不引起疼痛）可以促进肌肉、肌腱和韧带的修复、重塑，以及增加软组织的耐受能力。

（7）Optimism。保持乐观心态，心理因素在康复过程中也会起关键作用，抑郁、恐惧等不良心理可能会导致预后较差。

（8）Vascularisation。适当有氧运动，刺激血液循环。包括有氧运动在内的身体活动是软组织损伤恢复的基石。无痛的有氧运动应在受伤几天后就开始，以增加受损部位的血流量。早期的关节松动（一种由康复治疗师操作的手法治疗技术），理疗（微波、毫米波、冷冻超声等）也可以改善患者的功能状态，减少对止痛药的需求。

（9）Exercise。适当运动训练。在伤愈后，逐渐恢复正常的运动活动是非常重要的。建议根据物理治疗师的指导，避免过度运动，防止再次拉伤。在肌肉拉伤的恢复过程的后期，物理治疗起到了重要作用。物理治疗师可以提供适当的运动疗法、理疗和肌肉强化练习，帮助缓解疼痛、恢复功能和防止再次受伤。

（10）冷敷。受伤后即刻冷敷受伤部位有助于减轻疼痛、防止肿胀和淤血。可以使用冰包、冰袋或冷水浸泡来冷敷，每次持续 15~20 分钟，每天可进行 3~4 次，每次间隔 1~2 小时。

4）预防措施

（1）加强肌肉力量和灵活性的训练，特别是针对潜在易受伤部位的肌肉。

（2）逐渐增加运动强度，避免过度劳累。

（3）在运动前进行热身活动，包括适当的拉伸和活动准备。

（4）穿着适合的运动鞋和防护装备。

（5）注意正确的姿势和技术，避免不正确的运动姿势。

10.3.3 关节脱位的处理

1. 关节脱位

关节脱位是指关节骨头之间正常的关节连接丧失，导致关节的错位或脱离正常位置。关节脱位通常是由外力撞击、意外损伤或肌肉不平衡等原因引起的。

2. 应急处理

当发生关节脱位时，应立即寻求医疗帮助。在等待医疗帮助的过程中，可以采取一些应急处理措施。首先要保持患者稳定，避免过度移动，防止进一步损伤。可以给患者冷敷伤处来减轻疼痛和肿胀。

3. 关节复位

关节脱位需要由医疗专业人员进行复位。医生会先对关节进行适当的麻醉或镇静，以减轻患者的疼痛和放松肌肉。然后，医生会进行恢复关节正常位置的操作，有时候可能需要施加适当的推拉力。这个过程应该由专业的医疗人员进行，以避免进一步损伤。

如现场无法复位，应保护并固定脱位关节（可按骨折的方法固定），每 10 分钟检查一次远端血液循环。冷敷患处，一次不超过 20 分钟。及时送到医院检查治疗，必要时拨打急救电话。

4. X 光检查和评估

在复位关节后，应进行 X 光检查来确认关节是否恢复到正常位置，并排除其他可能的骨折或损伤。

5. 物理治疗

在关节复位后，物理治疗非常重要。应根据康复师制订的康复计划进行适当的运动疗法、肌肉强化和伸展练习，以帮助关节恢复正常功能和稳定性。康复过程的时长和具体方法会根据个人情况而定。

10.3.4　出血

1. 出血类型

1）动脉出血

动脉出血血液通常呈鲜红色，血液流动较快，脉搏跳动明显。动脉出血的特点是出血量大、速度快、流动性强。由于动脉的血压较高，因此动脉出血是最危险和最紧急的出血类型。

2）静脉出血

静脉出血血液颜色较深，呈暗红或暗紫色。静脉出血的特点是血液流动速度相对较慢，出血量较大，没有明显的脉搏跳动，可以迅速导致血容量不足。

3）毛细血管出血

毛细血管出血血液通常呈粉红色，并且较难辨认。毛细血管出血的特点是血液断续或像水珠样溢出，一般会自行凝固止血。

2. 出血应急处理

1）保护自己和伤员

确保在处理外出血时保护好自己，戴上一次性手套，以避免接触血液，防止传播病原体。同时，确保患者在安全的位置上，远离任何可能危及其安全的物品或环境。

2）用清洁物品覆盖伤口

用干净的纱布、无纺布、毛巾等覆盖伤口，以阻止血液流出。如果没有特定的救援用品，任何干净的物品都可以使用。确保用力均匀地施加压力，不要直接插入物品进入伤口。

3）直接压迫

对于外部出血的伤口，可以使用干净的纱布、手帕等直接对伤口进行压迫，以阻止血液流动。如果现场没有纱布，用手或手指直接施加压力在伤口上，尽量压迫在伤口上方的动脉，以阻止动脉血流出。保持压迫持续 5 ~ 10 分钟，不要频繁检查出血情况，以免影响血液凝结。

4）加压包扎

用干净的纱布或无纺布绷带加压包裹伤口，并保持压力，直到出血停止。避免包扎过紧，阻碍血液流动。若血液渗透了包扎物，应叠加更多层次的干净物品。如果出血得到控制，尽量不要拆除包扎。改变包扎可能会导致再次出血。

5）抬高伤肢

如果出血伤口位于四肢，可以将伤肢抬高，以减少血液流向伤口，减缓出血速度。

6）监测出血情况

保持观察伤口出血情况。如果出血超过 5 分钟仍无法控制，或者出血量非常大，应及时呼叫急救人员，并告知他们情况。

7）使用止血剂

止血剂如止血粉、止血棉等可加速凝血，帮助止血。但应仔细阅读产品说明，并咨询医务人员的建议。

8）扎带止血

对于四肢压迫止血，可以使用扎带进行止血。将扎带绕过伤处上方，固定好并适度加压，但不能过紧。注意在扎带上做标记，标记扎带固定的时间，以便急救人员进行相应处理。